中国生态扶贫

政策与实践

China's Policies and Practices:
Poverty Alleviation through Developing Eco-Economy

中国国际减贫中心◎编著
Edited by International Poverty Reduction Center in China

中国农业出版社
北 京

《中国生态扶贫政策与实践》
编写组

组　长：张　琦　接　萍

成　员：万　君　董　菡　冯丹萌　庄甲坤　张欣欣

徐丽萍　贺胜年　刘欢欢　姚　远　李宇峰

薛亚硕　杨晨鹭　宋　毅　李庆涛

◎ 总序

　　消除贫困是人类梦寐以求的理想，人类发展史就是与贫困不懈斗争的历史。中国是拥有 14 亿人口、世界上最大的发展中国家，基础差、底子薄，发展不平衡，长期饱受贫困问题困扰。消除贫困、改善民生、实现共同富裕，是社会主义的本质要求，是中国共产党的重要使命。为兑现这一庄严政治承诺，100 多年来，中国共产党团结带领中国人民，以坚定不移、顽强不屈的信念和意志与贫困进行了长期艰苦卓绝的斗争。改革开放以来，中国实施了大规模、有计划、有组织的扶贫开发，着力解放和发展社会生产力，着力保障和改善民生，取得了前所未有的伟大成就。2012 年党的十八大以来，以习近平同志为核心的党中央把脱贫攻坚摆在治国理政的突出位置，习近平总书记亲自谋划、亲自挂帅、亲自督战，推动实施精准扶贫精准脱贫基本方略，动员全党全国全社会力量，打赢了人类历史上规模空前、力度最大、惠及人口最多的脱贫攻坚战。

　　脱贫攻坚战的全面胜利，离不开有为政府和有效市场的有机结合。八年间，以习近平同志为核心的党中央加强对脱贫攻坚的集中统一领导，发挥中国特色社会主义制度能够集中力量办大事的政治优势，把减贫摆在治国理政的突出位置，为脱贫攻坚提供了坚强政治和组织保证。广泛动员市场、社会力量积极参与，实施"万企帮万村"等行动，鼓励民营企业和社会组织、公民个人参与脱贫攻坚，促进资金、人才、技术等要素向贫困地区集聚。截至 2020 年底，现行标准下 9 899 万农村贫困人口全部脱贫，832 个贫困县全部摘帽，12.8万个贫困村全部出列，区域性整体贫困得到解决，完成了消除绝对贫困的艰巨任务。建成了世界上规模最大的教育体系、社会保障体系、医疗卫生体系，实现了快速发展与大规模减贫同步、经济转型与消除绝对贫困同步。

一直以来，中国始终是世界减贫事业的积极倡导者、有力推动者和重要贡献者。按照世界银行国际贫困标准，改革开放以来，我国减贫人口占同期全球减贫人口70%以上，占同期东亚和太平洋地区减贫人口的80%。占世界人口近五分之一的中国全面消除绝对贫困，提前10年实现《联合国2030年可持续发展议程》减贫目标，不仅是中华民族发展史上具有里程碑意义的大事件，也是人类减贫史乃至人类发展史上的大事件，为全球减贫事业发展和人类发展进步作出了重大贡献。

中国立足自身国情，把握减贫规律，走出了一条中国特色减贫道路，形成了中国特色反贫困理论，创造了减贫治理的中国样本。坚持以人民为中心的发展思想，坚定不移走共同富裕道路，是扶贫减贫的根本动力。坚持把减贫摆在治国理政突出位置，从党的领袖到广大党员干部，目标一致、上下同心，加强顶层设计和战略规划，广泛动员各方力量积极参与，完善脱贫攻坚制度体系，保持政策连续性稳定性。坚持用发展的办法消除贫困，发展是解决包括贫困问题在内的中国所有问题的关键，是创造幸福生活最稳定的途径。坚持立足实际推进减贫进程，因时因势因地制宜，不断调整创新减贫的策略方略和政策工具，提高贫困治理效能，精准扶贫方略是打赢脱贫攻坚战的制胜法宝，开发式扶贫方针是中国特色减贫道路的鲜明特征。坚持发挥贫困群众主体作用，调动广大贫困群众积极性、主动性、创造性，激发脱贫内生动力，使贫困群众不仅成为减贫的受益者，也成为发展的贡献者。

脱贫攻坚战取得全面胜利后，中国政府设立了5年过渡期，着力巩固拓展脱贫攻坚成果，全面推进乡村振兴。按照党的二十大部署，在以中国式现代化全面推进中华民族伟大复兴的新征程上，中国正全面推进乡村振兴，建设宜居宜业和美乡村，向着实现人的全面发展和全体人民共同富裕的更高目标不断迈进。中国巩固拓展脱贫攻坚成果和乡村振兴的探索和实践，将继续为人类减贫和乡村发展提供新的中国经验和智慧，为推动构建没有贫困的人类命运共同体贡献中国力量。

面对国际形势新动向新特征，习近平总书记提出"一带一路"倡议、全球发展倡议等全球共同行动，将减贫作为重点合作领域，致力于推动构建没有贫困、共同发展的人类命运共同体。加强国际减贫与乡村发展经验分享，助力全球减贫与发展进程，业已成为全球广泛共识。为此，自2019年起，中国国际减贫中心与比尔及梅琳达·盖茨基金会联合实施国际合作项目，始终坚持站在未来的角度、政策的高度精心谋划项目选题，引领国内外减贫与乡村发展前沿热点和研究走向。始终坚持将中国减贫与乡村发展经验与国际接轨，通过国际话语体系阐释中国减贫与乡村振兴道路，推动中国减贫与乡村发展经验的国际化传播。至今已实施了30余个研究项目，形成了一批形式多样、影响广泛的研究成果，部分成果已在相关国际交流活动中发布。

为落实全球发展倡议，进一步促进全球减贫与乡村发展交流合作，中国国际减贫中心精心梳理研究成果，推出四个系列丛书，包括"全球减贫与发展经验分享系列""中国减贫与发展经验国际分享系列""国际乡村发展经验分享系列"和"中国乡村振兴经验分享系列"。

"全球减贫与发展经验分享系列" 旨在跟踪全球减贫进展，分析全球减贫与发展趋势，总结分享各国减贫经验，为推动《联合国2030年可持续发展议程》、参与全球贫困治理提供知识产品。该系列主要包括"国际减贫年度报告""国际减贫理论与前沿问题"等全球性减贫知识产品，以及覆盖非洲、东盟、南亚、拉丁美洲及加勒比地区等区域性减贫知识产品。

"中国减贫与发展经验国际分享系列"旨在讲好中国减贫故事，向国际社会分享中国减贫经验，为广大发展中国家实现减贫与发展提供切实可行的经验。该系列聚焦中国精准扶贫、脱贫攻坚和巩固拓展脱贫攻坚成果的经验做法，基于国际视角梳理形成中国减贫经验分享的知识产品。

"国际乡村发展经验分享系列"聚焦国际乡村发展历程、政策和实践，比较中外乡村发展经验和做法，为全球乡村发展事业提供交流互鉴的知识产品。该系列主要包括"国际乡村振兴年度报告""乡村治理国际经验比较分析报告""县域城乡融合发展与乡村振兴"等研究成果。

"中国乡村振兴经验分享系列"聚焦讲好中国乡村振兴故事，及时总结乡村振兴经验、做法和典型案例，为国内外政策制定者和研究者提供参考。该系列主要围绕乡村发展、乡村规划、共同富裕等议题，梳理总结有关政策、经验和实践，基于国际视角开发编写典型案例等。

最后，感谢所有为系列图书顺利付梓付出辛勤汗水的相关项目组、出版社和编辑人员，以及关心和支持中国国际减贫中心的政府机构、高校和科研院所、社会组织和各界朋友。系列书籍得到了比尔及梅琳达·盖茨基金会的慷慨资助以及盖茨基金会北京代表处的悉心指导和帮助，在此表示衷心感谢！

全球减贫与乡村发展是动态而不断变化的，书中难免有挂一漏万之处，敬请读者指正！

刘俊文

中国国际减贫中心　主任

2024 年 1 月

◎ 前言

　　"绿水青山就是金山银山"是习近平总书记提出的科学论断，深刻揭示了经济发展与生态环境之间的辩证关系。习近平总书记强调："要正确处理好经济发展同生态环境保护的关系，牢固树立保护生态环境就是保护生产力、改善生态环境就是发展生产力的理念"。新时代以来，为打赢脱贫攻坚战，实现全面建成小康社会的目标，中国开启了精准扶贫的扶贫新阶段。随着精准扶贫进程的不断推进，出现了生态功能区和生态环境脆弱区与集中连片贫困地区相重合的现象。"生态补偿脱贫一批"是精准扶贫、精准脱贫方略"五个一批"的重要组成部分。生态扶贫实现了经济发展与生态保护的平衡，物质生产力与自然生产力的统一，人口、经济、社会、生态、环境间的协调、可持续发展，有利于从生产力根源上破除致贫原因，缓解贫困地区生态压力，破解生态环境对经济发展的瓶颈制约，在精准扶贫和脱贫攻坚中发挥了重要作用。

　　本书结构安排如下。第一章简要介绍了生态扶贫政策的历史缘起，概述中国生态扶贫政策，介绍其实施背景、科学内涵、适用对象及拟解决的核心问题；第二章介绍通过生态保护解决贫困地区生态持续恶化问题的有关政策和实践；第三章介绍通过小流域综合治理解决局部自然和人为灾害的有关政策和实践；第四章介绍通过农村人居环境整治改善贫困人口生活条件的有关政策和实践；第五章介绍通过开发利用贫困地区生态资源破解"资源诅咒"的有关政策和实践；第六章介绍通过提供生态保护开发岗位解决贫困人口就业问题的有关政策和实践；第七章介绍通过生态补偿解决贫困地区"要生态还是要生存"问题的有关政策和实践；第八章介绍通过生态搬迁解决"一方水土养活不了一方人"问题的有关政策和实践；第九章阐释中国生态扶贫政策的经验及启示，以期为世界其他国家提供在生态扶贫领域的"中国方案"。

◎ 目 录

◎ 第一章　中国生态扶贫政策概述

一、生态扶贫政策的历史缘起

工业革命以来，随着生产工具与生产方式的升级与变革，生产力进入到了前所未有的加速时期，为人类社会的发展提供了坚实的物质基础。但生产力的快速增长在促进人类社会发展的同时，也为人类社会的发展带来了新的问题。随着再生产规模的扩大与速度的提升，生产扩张的无限性与自然资源的有限性之间的矛盾逐步激化，导致了生态系统服务功能下降、生态产品数量减少等问题，而再生产所需的生态产品不足又会引发资源分配不均、贫富差距拉大等问题，进而导致人类社会的发展陷入环境恶化、经济增长乏力与贫困的"生态贫困陷阱"中。随着学界对人口、经济和环境三者的辩证关系研究的不断深入，生态扶贫的思想应运而生。生态扶贫是基于减少工业文明背景下因无限扩大的再生产而对自然资源过度开发需要，将人与自然和谐共生的理念贯穿至贫困地区经济与社会发展的全过程中，通过对生产方式进行绿色、低碳、循环改造，实现生产过程与生态系统间物质交换的动态平衡，进而实现人口、经济、环境间的良性循环发展的扶贫方式。生态扶贫不仅有利于破除发展与保护间的矛盾，实现社会生产力与自然生产力的协同增长，同时还有利于减少自然资源等生产要素对贫困地区生产力与贫困人口发展的束缚，使贫困人口享有发展能力的公平。

生态扶贫的思想最早来源于人口增长与环境破坏之间关系的研究，比如 18 世纪末马尔萨斯在著作《人口原理》中就论述了贫困人口增长对环境恶化的影响以及由此对经济增长带来的制约。随着 20 世纪中叶环境保护运动的兴起，学者对人口、经济和环境三者之间发展关系的思考逐渐深化，研究生态与经济发展之间关系的著述出现了针对贫困人口等社会群体的专门分析，而研究人口问题的著述也将当地的生态系统服务功能纳入贫困成因的分析中。同时生态扶贫的内容逐渐进入国际和国家议题。例如，1972 年第一次联合国人类环境会议通过了《人类环境宣言》，该宣言提出"为了实现更合理的资源管理从而改善环境，各国应该对他们的发展计划采取统一和谐的做法，以保证为了人民的利益，使发展同保护和改善人类环境的需要相一致"。1992 年，联合国环境与发展会议在巴西里约热内卢召开，发表了《关于环境与发展的里约热内卢宣言》和《21 世纪议程》，确立了协同推进人口、经济、生态可持续发展的战略。1994 年，国际人口与发展会议在开罗举行，发表了《国际人口与发展会议行动纲领》，指出了"贫困普遍和持续以及社会和经济不平等造成的各种生态问题"，强调要尊重人的发展权，"公平地满足今世后代在人口、发展与环境等方面的需要"，形成了减缓人口增长、减轻贫困、实现经济发展、改进环境保护、减少不可持续的消费和生产格局等方面的工作合力。该纲领进一步明细了《关于环境与发展的里约热内卢宣言》和《21 世纪议程》的框架，丰富了对生态与贫困内在辩证关系的认识。进入 21 世纪，"反贫困"成为世界跨入新世纪的主导性议题。2000 年 9 月，189 个国家联合签署了《联合国千年宣言》，提出了在 2015 年前将全球贫困水平降低一半（以 1990 年的水平为标准）的行动计划，该宣言被时任联合国秘书长潘基文誉为"历史上最大的反贫困努力"。这一计划明确将生态环境要求纳入反贫困的范畴，在生态扶贫早期思想发展中具有重要意义。为了消除贫困，打造可持续、包容和持久的经济增长方式，实现经济、社会与环境的良性发展，2015 年 9 月 25 日，联合国可持续发展峰会在纽约总部召开，会议通过了包括 17 个目标在内的可持续发展目标体系，产生了《变革我们的世界：2030 年可持续发展议程》这一具有指导性的文件，为全球所有国家提出了消除一切形式的贫困，提升经济发展的包容性与可持续性，保护、恢复生态系统服务功能，减少生物多样性的丧失等可持续发展的要求。这一全球议程将可持续发展的要求融入经济社会发展的过程中，进一步丰富了生态扶贫思想的内核。

新时代以来，中国社会的主要矛盾转化为人民日益增长的美好生活需要同不平衡不充分的发展之间的矛盾。进一步全面深化改革，实现经济社会的高质量发展，构建人与自然和谐共生的现代化不仅是满足人民群众对物质文化以及良好生态环境需要的重要举措，更是补足发展短板，实现全面建成小康社会目标，开启全面建设社会主义现代化国家的重要战略安排。为了减少资源与环境对贫困地区发展的束缚，实现贫困地区经济发展、生态保护与脱贫致富的协同推进，基于贵州省毕节市试验区等地方探索所取得的成就、经验，中国政府将生态扶贫纳入精准扶战略中，开始对生态扶贫进行系统性的顶层制度与政策设计。2015 年 10 月，中国政府发布了《中共中央关于制定国民经济和社会发展第十三个五年规划的建议》，明确提出要在位于国家重点生态功能区与生态环境脆弱区的贫困地区开展生态保护扶贫。之后发布的《"十三五"脱贫攻坚规划》《中共中央 国务院关于打赢脱贫攻坚战的决定》两个关于扶贫的文件确立了坚持扶贫开发与生态保护并重的扶贫工作基本原则，并提出要探索生态扶贫的新路子。2018 年 6 月，中国政府下发了《中共中央 国务院关于打赢脱贫攻坚战三年行动的指导意见》，将生态扶贫纳入精准帮扶举措体系中，提出要创新生态扶贫机制，加大贫困地区的生态保护和修复力度，实现生态改善和脱贫的双赢。国家发展改革委、国务院扶贫办等六部委共同出台了《生态扶贫工作方案》，对生态扶贫的总体要求、目标、任务、保障机制等内容进行了详细的部署与规划，为生态扶贫工作的具体实施提供了路线指导与目标清单。

中国生态扶贫以实现人与自然和谐共生为主要原则，秉持绿水青山就是金山银山的发展理念，在党委、政府、市场、社会等多主体的共同推动下，通过为贫困人口提供生态补偿以及建立贫困人口生态工程、生态产业间的利益联结机制等直接与间接相结合的方式，激发贫困人口的绿色脱贫与环境保护的意愿和潜力，从而实现贫困地区经济发展、生态保护与脱贫攻坚的协同推进。2020 年 12 月，国家林业和草原局召开新闻发布会，向全社会宣布生态扶贫各项目标均已完成，共带动 2000 多万贫困人口实现脱贫增收。中国的生态扶贫实践探索出了一条以利益联结机制为纽带，以贫困地区经济社会发展与生态保护协同推进为目标，使贫困人口从绿色发展中获得更多实惠的绿色脱贫之路。

二、生态扶贫政策的实施背景

本节对生态扶贫政策实施背景的探讨将从现实背景、理论背景、政策背景三个方面展开，阐释中国生态扶贫政策的形成。

（一）现实背景：生态与贫困的关联耦合性

中国的贫困地区与国家重点生态功能区在空间上高度耦合，深度贫困地区通常也是边境偏远地区、民族聚集地区。深度贫困地区普遍存在生态保护与农民脱贫致富之间的突出矛盾，农民的生态保护行为缺乏有效的激励，生态产品的价值难以有效实现，区域的生态优势无法转化为经济优势。实现生态保护与缓解贫困相融共赢，对于促进民族团结、边疆稳固、生态保护、脱贫攻坚及乡村振兴都有十分重要的意义。

西北、西南地区既是中国最重要的生态屏障，也覆盖了"三区三州"等深度贫困地区。表 1-1 对比分析了西北、西南地区重点生态功能区所

在县和国家级贫困县的重叠情况。10 个省（自治区、直辖市）中，共有
386 个重点生态功能区所在县、504 个国家级贫困县，既是重点生态功能
区所在县又是国家级贫困县的有 324 个，重点生态功能区所在县中国家级
贫困县的比例高达 84%，国家级贫困县中重点生态功能区所在县的占比
为 64%。其中，在青海省和重庆市，所有的重点生态功能区所在县都是
国家级贫困县；在宁夏回族自治区，所有的国家级贫困县都是重点生态功
能区所在县。

表 1-1　西北、西南地区重点生态功能区所在县和国家级贫困县的比对分析

省（自治区、直辖市）	重点生态功能区所在县数量（个）	国家级贫困县数量（个）	重叠数量（个）	重点生态功能区所在县中国家级贫困县的比例（%）	国家级贫困县中重点生态功能区所在县的比例（%）
重庆	9	14	9	100	64
四川	56	66	51	91	77
贵州	46	66	41	89	62
云南	46	88	42	91	48
西藏	36	74	35	97	47
陕西	43	56	36	84	64
甘肃	48	58	36	75	62
青海	41	42	41	100	98
宁夏	12	8	8	67	100
新疆	49	32	25	51	78
合计	386	504	324	84	64

资料来源：财政部公布的 2017 年重点生态功能区转移支付范围县域名单，国务院扶贫开发领导
小组办公室 2014 年公布的全国 832 个贫困县名单。

　　贫困地区与生态脆弱地区高度耦合，使中国的扶贫开发工作与生态保
护工作在区域与目标上都存在高度的重叠，实施生态保护和扶贫开发有机

结合是必然选择，中国的生态扶贫就是基于这样的现实背景在不断地实践探索中逐渐形成的。

（二）理论背景："两山"理论、生态产品价值理论创新

中国生态扶贫的理论指引是"两山"理论。2005 年，时任浙江省委书记的习近平在安吉县考察工作时，首次提出"两山"理论。当时强调，"我们过去讲既要绿水青山，又要金山银山，实际上绿水青山就是金山银山。"2013 年，习近平总书记在哈萨克斯坦纳扎尔巴耶夫大学发表演讲时指出，"我们既要绿水青山，也要金山银山。宁要绿水青山，不要金山银山，而且绿水青山就是金山银山。"这一论述被公认为习近平总书记对"两山"理论进行的最全面、经典的一次论述。"两山"理论深刻阐述了经济发展和生态环境保护的关系，揭示了保护生态环境就是保护生产力、改善生态环境就是发展生产力的道理，提供了人与自然和谐共生的价值取向，指明了实现发展和保护协同共生的新路径，促进了绿色、低碳、循环的可持续扶贫方式的形成，为实现贫困地区人口、经济、生态再生产的统一提供了思路指导。"两山"理论是对习近平生态文明思想和绿色发展理念的浓缩概括，丰富了马克思主义人与自然关系论述的思想内涵，为中国生态扶贫实践提供了理论指引。

中国生态扶贫契合了生态产品价值理论。根据联合国千年生态系统评估，生态系统服务主要包括供给服务（提供食物、原料、水等）、文化服务（提供美学景观等）、支持服务（提供生物多样性、养分循环、土壤保持等）、调节服务（提供气体调节、气候调节、净化环境、水文调节等）。按照物品属性，供给服务属于私人物品，可以通过完善市场机制形成可交易的产品，如发展生态特色种养业；文化服务属于俱乐部物品，部分可以通过完善市场机制实现其价值，如发展乡村生态旅游；调节服务和支持服务属于纯公共物品，无法通过市场机制实现价值，只能是通过政府主导的

生态补偿（如森林、草原、湿地、耕地等领域的生态补偿）、政府创建的市场补偿（如碳交易、排污权交易、水权交易、森林覆盖率指标交易等）、政府购买服务（如生态公益岗位、生态工程建设等）等方式实现。由此可以看出，中国的生态扶贫实践就是生态产品价值实现的过程。生态产品价值实现与"两山"理论具有内在一致性。2018 年 4 月，习近平总书记在深入推动长江经济带发展座谈会上强调，"要积极探索推广绿水青山转化为金山银山的路径，选择具备条件的地区开展生态产品价值实现机制试点，探索政府主导、企业和社会各界参与、市场化运作、可持续的生态产品价值实现路径。"

（三）政策背景：生态扶贫成为精准扶贫战略的重要构成部分

为了减少资源与环境对贫困地区发展的束缚，实现贫困地区经济发展、生态保护与脱贫致富的协同推进，基于贵州省毕节市试验区等地方探索所取得的成就、经验，中国政府将生态扶贫纳入精准扶贫战略中，开始对生态扶贫进行系统性的顶层制度与政策设计。2015 年 10 月，中国政府发布了《中共中央关于制定国民经济和社会发展第十三个五年规划的建议》，明确提出要在位于国家重点生态功能区与生态环境脆弱区的贫困地区开展生态保护扶贫。之后发布的《"十三五"脱贫攻坚规划》《中共中央国务院关于打赢脱贫攻坚战的决定》等文件确立了坚持扶贫开发与生态保护并重的扶贫工作基本原则。2018 年 6 月，中国政府发布了《中共中央国务院关于打赢脱贫攻坚战三年行动的指导意见》，将生态扶贫纳入精准帮扶举措体系中，提出加大贫困地区的生态保护和修复力度，实现生态改善和脱贫的双赢。同年，国家发展改革委、国务院扶贫办等六部委共同出台了《生态扶贫工作方案》，该文件对生态扶贫的总体要求、目标、任务、保障机制等内容进行了详细的部署与规划，为生态扶贫工作的具体实施提供了路线指导与目标清单。

三、生态扶贫政策的科学内涵

（一）生态扶贫政策的概念内涵

"生态扶贫"一词最早出现在《人民日报》于 2002 年 10 月刊发的《生态扶贫（新词·新概念）》，将生态扶贫界定为："生态扶贫，是指从改变贫困地区的生态环境入手，加强基础设施建设，改变贫困地区的生产生活环境，使贫困地区实现可持续发展的一种新的扶贫方式。"生态扶贫是基于减少工业文明背景下因无限扩大的再生产而对自然资源过度开发的需要，将人与自然和谐共生的理念贯穿至贫困地区经济与社会发展的全过程中，通过对生产方式进行绿色、低碳、循环改造，实现生产过程与生态系统间物质交换的动态平衡，进而实现人口、经济、环境间的良性循环发展的扶贫方式。概括来看，生态扶贫旨在实现经济发展与生态保护的平衡，物质生产力与自然生产力的统一，人口、经济、社会、生态、环境间的协调、可持续发展。

（二）生态扶贫政策的历史演变

1. 孕育萌芽期（1978—2000 年）：生态保护意识为生态扶贫理念奠基

改革开放以后，党和国家的工作重心转移到经济建设上来。在经济快速发展的同时，环境污染、能源危机等问题逐渐暴露。以邓小平同志为核心的党的第二代中央领导集体提出生态保护、生态安全、生态建设、生态农业等概念，倡导人口、资源、环境与经济发展相协调的思路。生态环保意识为推行生态扶贫政策奠定了思想基础。1994 年 3 月，《中国 21 世纪议程》提出"在贫困地区从青少年教育开始普及生态环保意识"；同月，《国家八七扶贫攻坚计划（1994—2000 年）》指出"生态失衡是贫困县具有的普遍特征，扶贫工作要注意改善生态环境"。

2. 理念探索期（2000—2012 年）：生态扶贫理念从首次提出到路径探索

这一时期按照国家先后编制的《中国农村扶贫开发纲要（2001—2010 年)》和《中国农村扶贫开发纲要（2011—2020 年)》，中国生态扶贫政策又可以划分为理念探索第一阶段（2000—2010 年）和理念探索第二阶段（2010—2012 年）。在理念探索第一阶段，中国首次提出了将扶贫开发与生态保护相结合的生态扶贫理念。将生态与扶贫相结合始于 2000 年编制的《中国农村扶贫开发纲要（2001—2010 年)》，提出要"坚持可持续发展，扶贫开发必须与资源保护、生态建设相结合，实现资源、人口和环境的良性循环，提高贫困地区可持续发展的能力"。在理念探索第二阶段，中国的生态扶贫已经初步形成了包含生态产业、生态移民、生态补偿、生态建设等路径的制度体系。2010 年编制的《中国农村扶贫开发纲要（2011—2020 年)》提出要"坚持扶贫开发与生态建设、环境保护相结合，充分发挥贫困地区资源优势，发展环境友好型产业"，在生态产业方面要"充分发挥贫困地区生态环境和自然资源优势，推广先进实用技术，培植壮大特色支柱产业，大力推进旅游扶贫"；在生态移民方面要"坚持自愿原则，对生存条件恶劣地区扶贫对象实行易地扶贫搬迁"；在生态建设方面要"在贫困地区继续实施一系列重点生态修复工程"；在生态补偿方面要"建立生态补偿机制，并重点向贫困地区倾斜，加大重点生态功能区生态补偿力度"。

3. 发展完善期（2012 年至今）：生态扶贫理念更加清晰、路径更加多元、机制更加优化

中共十八大以来，中国生态扶贫政策不断发展完善，这一时期中国的生态扶贫理念更加清晰、路径更加多元、机制更加优化。2015 年 11 月 27日，习近平总书记在《在中央扶贫开发工作会议上的讲话》中明确指出要实施"五个一批"工程，其中之一就是要"生态补偿脱贫一批"，生态扶

贫成为精准扶贫方略的五大脱贫手段之一。2015 年 11 月 29 日，《中共中央 国务院关于打赢脱贫攻坚战的决定》中明确提出要"坚持扶贫开发与生态保护并重"，"坚持保护生态，实现绿色发展。牢固树立绿水青山就是金山银山的理念，把生态保护放在优先位置，扶贫开发不能以牺牲生态为代价，探索生态脱贫新路子，让贫困人口从生态建设与修复中得到更多实惠"。在生态扶贫理念上，进一步提出要"牢固树立绿水青山就是金山银山的理念"。在生态扶贫路径上，新增生态就业路径并优化生态建设路径。此外，通过加大生态补偿、生态移民、生态产业方面的政策支持力度，不断优化生态扶贫机制。2016 年 11 月 23 日，国务院印发并实施的《"十三五"脱贫攻坚规划》就贫困地区如何利用生态建设工程、生态保护补偿和生态产业发展等方式进行修复生态、就业脱贫做了重要安排。

2018 年，中共中央、国务院印发《关于打赢脱贫攻坚战三年行动的指导意见》，强调要加强生态扶贫，创新生态扶贫机制，加大贫困地区生态保护修复力度，实现生态改善和脱贫双赢。在国家宏观战略指导下，国家发展改革委、国家林业和草原局、财政部、水利部、农业农村部、国务院扶贫办共同制定了《生态扶贫工作方案》（2018 年 1 月），明确"绿水青山就是金山银山"的生态扶贫发展理念，通过实施重大生态工程建设，加大生态补偿力度，大力发展生态产业，创新生态扶贫方式，推动贫困地区扶贫开发与生态保护相协调，脱贫致富与可持续发展相促进，使贫困人口从生态保护与修复中得到更多实惠。同年 12 月，生态环境部也出台了《关于生态环境保护助力打赢精准脱贫攻坚战的指导意见》，围绕生态扶贫的基本思路、主要形式、战略目标、重点任务、保障机制等进行了整体性部署。由此，中国生态扶贫形成了科学系统的宏观战略和微观政策（表 1-2），标志着生态扶贫理论由探索走向成熟。

表 1−2　中国生态扶贫的政策架构

	政策文件	具体内容
宏观战略	中共中央 国务院关于打赢脱贫攻坚战的决定	牢固树立绿水青山就是金山银山的理念，把生态保护放在优先位置，扶贫开发不能以牺牲生态为代价，探索生态脱贫新路子，让贫困人口从生态建设与修复中得到更多实惠
	中共中央 国务院关于打赢脱贫攻坚战三年行动的指导意见	加强生态扶贫，创新生态扶贫机制，加大贫困地区生态保护修复力度，实现生态改善和脱贫双赢
微观政策	生态扶贫工作方案	以扶贫开发与生态保护并重为准绳，以推动贫困地区脱贫致富与可持续发展相促进
	关于生态环境保护助力打赢精准脱贫攻坚战的指导意见	让贫困地区、贫困人口从生态环境保护中稳定受益，建立生态环境保护扶贫大格局

（三）生态扶贫政策的主要内容

生态扶贫在坚持生态保护与扶贫开发并重原则的基础上，将尊重自然、顺应自然、保护自然的理念融入精准扶贫路径体系中，从而形成了以"生态"为特点、以"扶贫"为核心的生态扶贫路径体系，总体上可分为以农村地区生态保护、小流域综合治理、农村人居环境整治为主的基础改善型生态扶贫路径，以生态资源开发利用扶贫、生态就业扶贫为主的内生发展型生态扶贫路径，以及以生态补偿扶贫、生态搬迁扶贫为主的兜底保障性生态扶贫路径（图 1−1）。

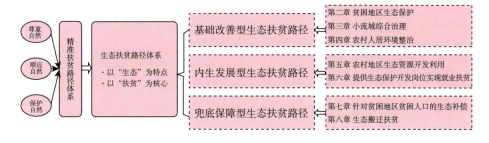

图 1−1　中国生态扶贫政策的路径体系

（四）生态扶贫实践的体制机制与工作机制

1. 中国生态扶贫实践的多元治理格局

生态扶贫作为打赢精准脱贫攻坚战与生态文明建设相结合的绿色精准扶贫路径，基于脱贫攻坚与生态文明的多方参与治理格局，形成了在党的领导下，以政府、市场、社会共同参与为核心的生态扶贫多元治理格局。

具体而言，生态扶贫治理格局主要包括以下三个方面。

一是中国共产党领导下的政府主导。生态扶贫作为一项兼具脱贫致富与生态保护双重目标的复杂性、系统性、长期性精准扶贫工作，其不仅涉及政府、市场、社会、贫困人口等多类主体，同时也涉及不同主体间物质资料、资金、技术、人才等生产要素的分配。政府作为公共权力的掌握者与公共产品、公共服务的提供者，具有救济帮扶贫困人口与维护社会公平的重要职能。具体而言，政府对生态扶贫的主导作用主要体现在以下三个方面：第一，坚持"中央统筹、省负总责、市县抓落实"为核心的生态扶贫责任体制。《生态扶贫工作方案》将"实行中央统筹、省负总责、市县抓落实的工作机制"作为生态扶贫的主要工作机制。第二，充分发挥政府在生态扶贫投入机制中的主体和主导作用。基于脱贫攻坚的财政转移支付制度，生态扶贫形成了以中央和地方政府民生专项财政转移支付资金为主要资金来源、以社会资本为补充、以生态扶贫项目为主要承接主体的投入机制。第三，充分发挥政府在生态扶贫监督与考核中的主导作用。基于脱贫攻坚的监督与考核机制，生态扶贫建立了自上而下与由外向内相结合的，包括对年度重点工作台账管理、生态扶贫资金使用情况审计、第三方生态扶贫成效评估等内容的动态管理和监督制度。

二是市场推进。具体而言，市场对生态扶贫的促进作用主要体现在以下两个方面：第一，充分发挥"益贫市场"机制在生态扶贫中的重要推进作用。第二，发挥企业等市场主体对生态扶贫的促进作用。具体在生态扶贫过程中，企业的参与主要包括以下几个方面：第一，通过投资等途径为生态扶贫提供补充资金。第二，承接生态扶贫项目，基于主营业务帮扶贫困地区生态产业的发展。第三，为生态扶贫提供人才支持的同时吸纳贫困人口参与企业生产。

三是社会参与。《生态扶贫工作方案》将"创新体制机制，广泛动员各方面力量共同参与生态扶贫工作，拓宽社会力量扶贫渠道，形成社会合力"纳入生态扶贫工作基本原则中。基于社会扶贫主体的不同，生态扶贫社会协同参与机制主要包括以下三个方面：第一，贯彻落实公共组织主导的定点扶贫机制是发挥单位行业优势，拓宽生态扶贫治理思路的重要途径。第二，动员社会组织与志愿者参与是凝聚社会力量，提升人民对生态扶贫工作认同度的重要途径。第三，尊重贫困人口在生态扶贫中的主体地位，激发贫困人口的脱贫内生动力是发挥生态扶贫政策效能的重要保障。

2. 中国生态扶贫实践的制度保障体系

生态扶贫制度保障体系主要包括激励性制度、约束性制度与推进机制，三部分相互补充，为推进生态扶贫提供了完整的制度保障。激励性制度是核心，为凝聚社会扶贫合力，激发贫困人口内生脱贫意愿提供了动力来源；约束性制度是保障，为协调多方利益，规范扶贫主体行为提供了行为底线；推进机制是基础，为贯彻落实生态扶贫政策，实现生态扶贫效能的最大化提供制度保障。

一是生态扶贫激励性制度，旨在解决"如何发展"的问题。具体而言，生态扶贫的激励性制度主要包括以下三个方面：第一，绿色税费支持制度，以直接提供资金援助为核心，主要包括纵向财政支持制度（中央与地方财政向贫困地区生态扶贫项目的转移支付）、横向地区转移支付制度（东西部扶贫协作机制下东部地区以专项资金的方式为西部地区的生态扶贫工作提供稳定的资金支持)、绿色税收转移支付制度(如《生态扶贫工作方案》提出要通过增加专项投入、实现项目倾斜等方式增加财政转移支付对生态扶贫工作的支持力度)。第二,绿色生产推进制度,以生产方式与生产过程的绿色、可持续变革为核心,促进贫困人口自我脱贫能力提高,主要包括绿色生产要素再分配制度(如科技特派员制度)和益贫性绿色消费制度(如绿色食品、有机农产品和地理标志农产品认证制度)。第三,绿色金融扶贫制度,主要是指在国家货币政策的指导下,政府将扶贫资金中的一部分转移至各类金融机构,通过各类金融工具的使用加大对生态扶贫的金融支持的扶贫制度。

二是生态扶贫约束性制度,旨在解决"如何保护"的问题。保护是生态扶贫的核心任务,基于市场对个体利润和短期收益的追逐与生态保护公共性强、建设周期长之间的矛盾,生态扶贫的效能容易受"市场失灵"现象的影响,导致"公地悲剧"的产生。因此,将底线性思维贯穿生态扶贫全过程,构建包括生态扶贫的主体责任机制、监督机制、主体行为量化考核机制等在内的生态扶贫约束性制度,是完成生态扶贫发展性任务与保护性任务,实现生态扶贫政策效能最大化的重要保障。具体而言,生态扶贫约束性制度主要包括以下三个方面:一是生态扶贫考核问责制度;二是生态扶贫指标清单制度;三是生态扶贫信息公开制度。

三是生态扶贫推进机制,旨在解决"怎样推进"的问题。生态扶贫推进机制是在坚持生态扶贫激励性制度与约束性制度指导的基础上,通过对生态扶贫的具体分工、参与主体、资源分配、实践路径等工作内容进行顶层设计,从而实现生态扶贫制度效能向治理效能转化的一系列制度的总称。生态扶贫推进机制主要包括以"中央统筹、省负总责、市县抓落实"为核心的分工体制、以多元主体为核心的"大生态扶贫"参与体系、以精准为核心的生态扶贫推进机制与兼具开发与保障双重特点的多元生态扶贫路径体系。

四、生态扶贫政策的适用对象

生态扶贫不仅是一项扶贫方式，同时也是生态环境保护理念、绿色发展理念与可持续发展理念的实践产物，适用于所有需要保护生态环境、转变经济发展方式的国家与地区。从具体的适用对象来看，生态扶贫政策适用于面临资源和环境束缚问题的贫困地区，以及因生态环境因素导致缺乏发展能力的贫困人口。

（一）面临资源和环境束缚问题的贫困地区

由于贫困人口天然具有高脆弱性、抗风险能力低等特性，当生产生活资料的匮乏成为束缚贫困地区经济社会发展的重要因素时，贫困人口首当其冲受到影响，从而陷入生态破坏与贫困的"生态贫困陷阱"中。生态扶贫通过构建贫困地区自然资源与资本之间的可持续转化渠道，实现经济发展、扶贫开发与环境保护的有机统一。

（二）因生态环境因素导致缺乏发展能力的贫困人口

贫困人口大部分分布在边远地区、深山区、石山区等交通闭塞和生态脆弱地区，帮助这些群众摆脱贫困并非易事。生活在这些地区的贫困人口往往难以获得足够的生产生活资料，进而难以摆脱发展资料匮乏与发展能力受限的问题。

五、生态扶贫政策所解决的核心问题

生态扶贫政策的核心问题是如何实现生态保护与脱贫增收的双赢，即如何以"生态＋精准"的扶贫方式带动贫困人口脱贫致富，实现贫困地区经济效益、生态效益、扶贫效益的有机统一，重塑贫困地区经济、生态、社会三者的关系。

具体来看，生态扶贫在精准识别因生态功能低下或自然资源匮乏而无法获得足够生产生活资料的建档立卡贫困人口的基础上，从当地的资源禀赋出发，通过因生态贫困类型施策、因人因地施策，实现生态环境治理与脱贫攻坚的有机统一，实现"扶真贫、真扶贫"的目标。

（一）保护生态环境、治理小流域、整治农村人居环境，改善贫困地区的生产生活基础

通过生态保护扶贫、小流域综合治理、整治农村人居环境，在解决贫困地区贫困人口生计问题的基础上，重点改善贫困地区的生产生活基础。一方面，通过生态保护扶贫，增加贫困地区生态产品供给能力和可持续发展能力。生态脆弱区因经济增长方式不当或长期过度开发，超出环境承载力和恢复能力，无法再满足这一区域人们的基本生活需要与再生产活动需要。为阻断生态的继续恶化，恢复生态系统平衡，增强生态系统服务功能，以生态工程扶贫和国土绿化扶贫两大项目为抓手实施生态保护扶贫，成为良性发展的关键和切断贫困的优先之策。另一方面，通过农村人居环境整治，改善贫困地区的生态环境和贫困人口的生产生活条件。恶劣的人居环境会对居民健康、生产力和教育机会造成负面影响，是造成群体性贫困的重要原因。中国将农村人居环境整治与脱贫攻坚相结合，意在通过农村垃圾治理、农村"厕所革命"、农村生活污水治理和村容村貌提升等行动改善贫困地区和贫困人口的生产生活环境，激发贫困人口的内生动力，最终实现农业强、农村美、农民富。

（二）开发利用生态资源、实施生态就业，增强贫困人口的内生发展动力

生态资源开发利用扶贫及生态就业扶贫这两种生态扶贫路径，主要解

决的共性问题是如何有效增强贫困人口的内生发展动力。一是解决贫困地区产业基础薄弱、发展动力不足的问题。许多贫困地区由于历史、地理等原因，产业发展基础薄弱，缺乏具有市场竞争力的特色产业，使贫困人口难以通过产业发展实现稳定脱贫。生态资源开发利用扶贫和生态就业扶贫旨在结合当地自然资源和生态环境，发展具有地方特色的绿色产业，从而增强贫困人口的内生发展动力。二是实现生态资源开发、利用和修复的产业化。生态资源富集地区拥有丰富的自然及生态资源，然而，由于缺乏生态资源与生态产品价值实现机制，或者是绿色发展能力低、绿色产业基础薄弱，这类地区易陷入贫困。这类地区需要通过制度创新，实现生态资源的经济价值；或者利用生态资源，发展生态产业，把生态优势转化为经济优势，惠及贫困人口。将生态环境保护和修复作为一种产业来抓，不仅可以改善生态环境，还可以为贫困人口提供就业机会和收入来源。通过建立生态资源开发利用的专业化队伍，加强职业培训和技术支持，提高贫困人口在生态产业中的参与度和收益水平，从而增强其内生发展动力。

（三）开展生态补偿、进行生态搬迁，为贫困人口提供兜底保障

无论是生态补偿扶贫还是生态移民搬迁，其最终目的都是为贫困人口提供兜底保障。这些政策的实施，使贫困人口在面临生存困难时能得到及时有效的救助，保障了他们的基本生活需求，同时也为他们提供了更多的发展机会和空间。一方面，生态补偿扶贫主要针对那些因生态环境保护而失去发展机会，导致生活水平下降的贫困人口。通过给予他们一定的经济补偿，可以保障他们的基本生活，防止他们因为生态保护而陷入贫困。这种扶贫方式体现了"绿水青山就是金山银山"的理念，既保护了生态环境，又保障了贫困人口的生活权益。另一方面，生态移民搬迁主要是针对

生活在生态环境恶劣、不适宜人类居住地区的贫困人口。通过政府统一规划，将他们搬迁到更适合居住的地方，并提供相应的帮扶措施，帮助他们适应新的生活环境并实现稳定脱贫。这种方式不仅改善了贫困人口的生活环境，也避免了因环境问题导致的返贫现象。

◎ 第二章 通过生态保护解决贫困地区生态持续恶化的问题

一、贫困地区生态保护的内涵

改革开放以来，中国高度重视生态环境保护与建设工作，采取了一系列战略措施，加大了生态环境保护与建设力度。对于部分贫困地区而言，生态环境脆弱、生态环境恶化、生态红线限制等因素导致当地农民生产生活行为受限，区域经济发展水平难以提升。为推动形成人口、经济和资源环境相协调的国土空间开发格局，加快转变经济发展方式，促进经济长期平稳较快发展和社会和谐稳定，2010 年 12 月，中国政府印发了《全国主体功能区规划》，按开发内容将中国国土空间分为城市化地区、农产品主产区、重点生态功能区三类主体功能区。其中，对首批划定的 25 个重点生态功能区主要支持其保护和修复生态环境、提供生态产品，包含 436 个县级行政单位，总面积约 386 万平方公里，约占全国陆地面积的 40.2%。截至 2023 年，中国累计有 676 个县级行政单位被纳入国家重点生态功能区，占国土面积的 53%。

需要重点强调的是，中国的国家重点生态功能区在地理空间上与贫困地区高度重叠。据统计，中国 80% 以上的贫困县处于重点生态功能区或生物多样性保护优先区，这决定了对位于重点生态功能区的贫困地区要采取生态保护式的扶贫方式。贫困地区生态保护主要是将生态保护与扶贫开发相结合，坚持节约优先、保护优先、自然恢复的原则，围绕山水林田湖草沙等要素开展综合性、系统性、一体化保护，改善贫困地区生态、生活、生产环境，提高贫困人口的生活水平，进而达到脱贫目标。

二、解决的主要问题

生态保护扶贫的核心目标是实现扶贫脱贫与生态文明建设的"双赢"，旨在解决四个方面的主要问题。

（一）有效破解贫困地区与重点生态功能区高度耦合的发展限制

中国的贫困地区与国家重点生态功能区在空间上高度吻合，深度贫困地区通常也是边境偏远地区、民族聚集地区。深度贫困地区普遍存在生态保护与农民脱贫致富之间的突出矛盾，农民的生态保护行为缺乏有效的激励，生态产品的价值难以有效实现，区域的生态优势无法转化为经济优势。贫困地区与生态脆弱地区的高度耦合使中国的扶贫开发与生态保护在区域和目标上存在高度重叠，实施生态保护和扶贫开发有机结合是必然选择。

（二）加快解决贫困地区突出环境问题

支持贫困地区加大环境治理力度，改善生态环境质量，破除发展瓶颈，提高生态环境支撑水平，增强贫困地区可持续发展能力，提升贫困人口获得感。开展生态搬迁和易地扶贫搬迁集中安置区环境治理，加快解决历史遗留的环境问题。引导贫困地区落实畜禽养殖禁养区、限养区和适养区要求，推动规模化养殖。以就地消纳、能量循环、综合利用为主要方式，支持畜禽粪污资源化利用。积极推进农村人居环境整治三年行动，针对农村垃圾、污水治理和村容村貌等重点领域，加快补齐农村环境短板，推动实现农村贫困地区环境明显改善。

（三）推动贫困地区绿色发展

（1）对贫困地区涉及生态保护红线、自然保护区的现有、新（改、扩）建生产生活等项目实施分类管控。对位于生态保护红线、自然保护区等各类保护地内的现有扶贫项目，依法依规进行管理、运行和维护；对确与生态保护红线、自然保护区管控要求不一致的，由省级主管部门根据生态环境影响评估结果提出退出、保留或调整建议，并按规定程序报批；对新（改、扩）建扶贫项目，按照管控要求实施管理。

（2）优化贫困地区环评管理，支持贫困地区每年年初制定需环评审批的建设项目清单，报具备审批权限的生态环境部门提前介入，提高审批效率。大力支持加快补齐基础设施短板，实施特色产业提升工程，科学合理有序开发资源，创办一二三产业融合发展产业园，高标准建设生态工业园区，发展新兴产业、生态产业。对按照规划环评审查意见要求建设的产业园区入园项目，依法简化建设项目环评文件内容。全国生态环境系统具备规划环评能力的事业单位，优先承接贫困地区的规划环评编制项目，费用减免。

（3）规范引导种养业、扶贫车间和扶贫驿站及农家乐、渔家乐等乡村旅游产业。支持发展生态农业、有机农业，推广生态种养模式，发展"三品一标"（达标合格农产品、绿色食品、有机农产品、农产品地理标志）产品，大力支持国家有机食品生产基地建设。支持生态环境资源向旅游资源转化，结合当地自然资源优势、民俗文化、休闲农业等发展生态旅游经济，延伸产业链价值链，实施乡村旅游扶贫工程，推动旅游特色村、休闲养生基地建设，支持创建生态旅游示范区。加快开展生态环保扶贫效益评估，将绿水青山向金山银山的转化价值量化表达。

（四）巩固贫困地区生态资源优势

（1）加大贫困地区生态保护修复与监管力度，将整体保护、系统修复、综合治理与精准扶贫、提高贫困人口收入、逐步改善生产生活条件相结合，实现生态保护与脱贫双赢。

（2）推进山水林田湖草生态保护修复试点，支持退耕还林还草、湿地保护与恢复、水生态治理等生态工程建设，实现贫困地区自然生态资产保值增值。

（3）扩大生物多样性保护与减贫试点，推广生物多样性保护、恢复与减贫示范技术，优先开展贫困地区生物多样性资源价值评估，推进生物多样性资源管理和有偿使用，采取替代生计、生态旅游等措施，探索生物多样性保护与减贫协同模式。

三、适用范围

（1）位于重点生态功能区的贫困地区，尤其是受到严格限制进行大规模高强度工业化城镇化开发的贫困地区，可以通过水源涵养、水土保持、防风固沙和生物多样性维护等方式保持并提高生态产品供给能力，增强生态服务功能。

（2）自然条件较差、生态环境脆弱的深度贫困地区、集中连片特困地区等，这些地区常常面临自然灾害等问题，地区发展受限条件较多，生态承载能力低，可持续发展能力弱。

（3）处在生态保护红线的贫困地区，包括整合优化后的自然保护地，自然保护地外的生态功能极重要、生态极脆弱区域，以及目前基本没有人类活动、具有潜在重要生态价值的战略留白区。

（4）自然保护区的贫困地区，主要指对有代表性的自然生态系统、珍稀濒危野生动植物物种的天然集中分布、有特殊意义的自然遗迹等保护对象所在的陆地、陆地水域或海域，依法划出一定面积予以特殊保护和管理的区域。

四、实施过程

（一）推进贫困地区土地整治与污染修复

中国很多贫困地区土地质量较差，如滇桂黔石漠化片区等地区都具有土壤贫瘠、土地碎块化严重等特征。据统计，2016 年中国石漠化土地面积为 1 007 万公顷，且大多在贫困地区。针对这类贫困地区，中国开展了沟坡丘壑综合整治，平整破损土地，实施土地沙化和盐碱化治理、耕地坡改梯、历史遗留工矿废弃地复垦利用等工程，推进荒漠化防治和石漠化综合治理。对于污染土地，主要通过综合运用源头控制、隔离缓冲、土壤改良等措施，防控土壤污染风险，如退耕还林还草工程、退牧还草工程、青海三江源生态保护和建设二期工程、京津风沙源治理工程等生态建设工程。

（二）开展贫困地区生物多样性保护

在中国，有很大一部分实施生物多样性保护的区域分布在国家扶贫开发工作重点县内。因此，近年来中国持续加强生态多样性保护，明确了生物多样性保护优先区域，先后启动三江源等 10 处国家公园体制试点，划定生态保护红线，涵盖森林、草原、荒漠、湿地、红树林、珊瑚礁及海草床等重要生态系统，覆盖全国生物多样性分布的关键区域，保护绝大多数珍稀濒危物种及其栖息地。重点实施珍稀濒危动植物栖息地区域的生态保护和修复，并对已经破坏的跨区域生态廊道进行恢复，构建生物多样性保护网络，促进贫困地区生态系统功能提升。

（三）推动贫困地区流域水环境保护治理

针对重要的江河源头及水源涵养区开展生态保护和修复，以重点流域为单元开展系统整治，采取工程与生物措施相结合、人工治理与自然修复相结合的方式进行流域水环境综合治理，推进生态功能重要的江河湖泊水体休养生息。同时，安排 832 个国家级贫困县中央水利建设投资 340 亿元，加快水利行业扶贫"六大工程"建设，包括重大水利工程、农村饮水安全巩固提升工程、农田水利设施建设工程、防洪抗旱减灾保障工程、水土保持和生态建设工程、农村小水电和移民扶贫工程等。对涉及贫困地区的贵州黄家湾水库、云南阿岗水库、广西驮英水库及灌区等 12 项工程进行建设，建设贫困地区 64 处灌区大型灌区续建配套与节水改造和 29 处泵站大型灌排泵站更新改造项目等。

（四）推动贫困地区生态综合治理修复

据统计，中国连片特困地区与 25 个国家重点生态功能区高度重合，多数扶贫开发工作重点县境内都包含禁止开发区域，这些贫困地区整体上是国家、区域重要的生态安全屏障，在功能定位上以保护和修复生态环境、提供生态产品为主要任务。因此，对有生态保护区的贫困地区，以恢复退化生态系统、增强生态系统稳定性和提升生态系统质量为目标，持续开展多项生态保护修复工程，稳步实施天然林保护修复、京津风沙源治理工程、石漠化综合治理、三北防护林工程等重点防护林体系建设、退耕还林还草、退牧还草及河湖与湿地保护修复、红树林与滨海湿地保护修复等一批重大生态保护与修复工程，对集中连片、破碎化严重、功能退化的生态系统进行修复和综合整治，通过土地整治、植被恢复、河湖水系连通、岸线环境整治、野生动物栖息地恢复等手段，逐步恢复生态系统功能。

（五）实施贫困地区矿山环境治理恢复

中国一些贫困地区由于对矿山资源的过度开发，造成地质环境破坏和大气、水体、土壤的污染，特别是在部分重要的生态功能区仍存在矿山开采活动，对生态系统造成较大威胁。针对此类贫困地区，推行矿山环境治理恢复，突出重要贫困地区生态区及居民生活区废弃矿山治理的重点，抓紧修复交通沿线敏感矿山山体，对植被破坏严重、岩坑裸露的矿山加大复绿力度。同时，针对连片特困地区（如武陵山片区）大型金属矿区及周边土壤中多种重金属污染十分突出的问题，研发污染土壤及尾矿库的生物/物化生态稳定构建技术；研究酸性高浓度重金属废水循环生态处理技术，建立尾矿渣-水体生态修复工程化技术体系；研究尾矿渣生态综合利用技术及尾矿堆的稳定化技术；选择典型废弃矿区（如汞矿、"锰三角"）实施生态扶贫工程与示范；建设武陵山特色矿都生态地质公园和历史博物馆，形成矿山生态旅游线；通过实施生态补偿，建立特色苗木生态产业基地，为当地脱贫致富提供新途径。

（六）生态保护项目和资金向贫困地区倾斜

各省在下达建设任务，落实造林补贴、森林抚育等资金时，贫困地区的林业投资规模和增幅要高于全省平均水平 15％以上。具体来看，将全国 2/3 以上的造林绿化任务安排到贫困地区，确保贫困地区投资规模和增幅高于全省平均水平 15％以上，新增退耕还林还草任务的 80％安排到贫困县。2016—2018 年，共安排中央资金 1 085 亿元支持生态扶贫，安排贫困地区退耕还林还草任务 2 898 万亩[①]，落实贫困地区补助资金 1 404.18 亿元。160 多万贫困户享受退耕还林还草补助政策，户均得到补助资金 2 500 元。将造林绿化与脱贫攻坚相结合，吸纳贫困人口加入扶贫造林（种草）专业合作社，参与造林绿化工程就业增收。

---

① 亩为非法定计量单位，1 亩＝1/15 公顷。

五、实施效果及注意事项

（一）农业农村绿色资源保护开发取得显著成效

通过大规模实施贫困地区生态保护，带动贫困人口可持续发展，贫困地区同时打赢生态治理与脱贫攻坚两场战役。

1. 贫困地区生态环境得到优化

2016 年以来，中西部 22 个省份实施了退耕还林还草、退牧还草、天然林保护、湿地保护与恢复、青海三江源生态保护和建设等重大生态工程，贫困地区林草植被面积持续增加，沙化土地和水土流失不断减少，森林覆盖率平均增长超 4 个百分点。

2. 污染防治力度不断加大，取得显著成效

2020 年，全国细颗粒物（$PM_{2.5}$）平均浓度为 33 微克/立方米，比 2015 年下降 28.3％，优良天数比例比 2015 年上升 5.8 个百分点；全国地表水国控断面水质优良（Ⅰ～Ⅲ类）和丧失使用功能（劣Ⅴ类）水体比例分别为 83.4％和 0.6％，比 2015 年分别提高 17.4 个百分点和降低 9.1 个百分点；全国近岸海域优良水质（Ⅰ、Ⅱ类）面积比例为 77.4％，较 2015 年上升 9 个百分点；全国受污染耕地安全利用率和污染地块安全利用率均超过 90％。

3. 生态多样性保护成效显著

野生动物栖息地空间不断拓展，种群数量不断增加。大熊猫野外种群数量 40 年间从 1 114 只增加到 1 864 只，朱鹮由发现之初的 7 只增长至目前野外种群和人工繁育种群总数超过 5 000 只，亚洲象野外种群数量从 20 世纪 80 年代的 180 头增加到目前的 300 头左右，海南长臂猿野外种群数量从 40 年前的仅存两群不足 10 只增长到五群 35 只。

4. 生态治理对贫困人口的带动能力不断提升

近年来，中国新组建了 2.1 万个生态扶贫专业合作社，吸纳 120 万贫困人口参与生态保护工程建设。从中西部 22 个省（自治区、直辖市）的贫困人口中选聘 110.2 万名生态护林员，精准带动 300 多万贫困人口脱贫增收。天然林保护修复、新一轮退耕还林还草等任务和资金向中西部地区倾斜安排，扶持造林（种草）专业合作社 2.3 万个，吸纳 160 万贫困人口参与林草重点工程建设。在此基础上，通过生态保护，一些贫困地区探索多样化的生态产业发展模式，提升内生动力，共同带动贫困人口增收脱贫。

（二）注意事项

在推进贫困地区生态保护时，要注意一些深度贫困地区突出的生态环境问题、社会文化问题、经济发展问题交织复杂，扶贫难度较大。

1. 社会发育程度低和自然灾害频发

在深度贫困地区，由于社会发育程度较低，当地老百姓的文化素质和劳动技能相对较低，缺乏脱贫致富的内生动力。同时，这些地区往往是生态脆弱的地区，自然灾害频发，带来了生态保护和发展之间的矛盾。

2. 生态保护与发展矛盾

生态环境保护与脱贫攻坚之间存在内在目标契合上的矛盾。传统生态扶贫模式的工具理性设计与绿色发展价值理性追求之间的矛盾，以及生态修复和建设的巨额投入需求与地方政府财力之间的矛盾，都是生态保护扶贫的难点。

3. 资金和技术支持不足

生态环保项目通常需要经过政府相关部门的审批，这一过程中，政策环境可能发生变化，审批流程可能需要延长，土地配套有时不到位。同时，实施生态环保项目需要具备一定的技术力量，如垃圾分类技术、水污染处理技术等。在当前的状况下，技术支持力量有限，有时难以满足所有项目的需求。资金筹措问题也是一大挑战，生态环保项目往往需要投入大量资金，企业申请融资时可能会面临一定的困难。

六、典型案例

（一）退耕还草、退牧还草工程：陕西省延安市在退耕还林和治沟造地中实现多赢①

2015 年 2 月 13 日，习近平总书记到延安市梁家河村视察，站在 40 年前他带领群众修建的淤地坝上指出，淤地坝是流域综合治理的一种有效形式，既可以增加耕地面积，提高农业生产能力，又可以防止水土流失，要因地制宜推行。

延安市地处黄土高原腹地，曾是黄河中上游水土流失最为严重、生态最为脆弱的地区之一，人口资源环境承载力下降，贫困人口多，生态保护与经济发展矛盾十分突出。

为解决生态保护与经济发展、粮食安全、脱贫攻坚等问题，延安市委、市政府探索实践了"山上退耕还林保生态，山下治沟造地惠民生"的综合治理模式。在实施过程中，紧紧围绕"保生态、增良田、惠民生"主题，山上封山禁牧、坡耕地退耕还林还草，提高植被覆盖度；山下将土地整治与小流域治理相结合，按照"综合配套、先渗后溢、保持水土、防涝防洪防盐碱"的工作思路，采取以坝控制、节节设防、留足水道、畅通行洪、适度开挖、分级削坡、造林种草、恢复植被等针对性措施，对梁峁沟坡洼、山水田林路进行系统修复和综合整治，做到田、坝、路、林、渠、

---

① 案例来源：中华人民共和国生态环境部，https://www.mee.gov.cn/xxgk2018/xxgk/xxgk15/201909/t20190909_732955.html。

排水、退耕、产业等相配套，进一步提升生态环境承载能力和巩固退耕还林成果。同时以土地整治为平台，实施了小城镇建设、发展现代农业产业和避灾扶贫搬迁一体的移民搬迁和脱贫攻坚。通过近 20 年的奋斗，全市植被覆盖度由 2000 年的 46.35％提高到 2017 年的 81.3％，年均降水量平均增加了 100 毫米。实现了每造 1 亩沟坝地可退耕 3～5 亩，支撑巩固了退耕还林成果，达到了"退得了、稳得住、不反弹、能致富"的目标。昔日沟壑纵横黄土高坡成了陕北的"好江南"，山川大地逐步实现了由黄变绿的沧桑巨变。

（二）石漠化综合治理工程：云南省西畴县石漠化综合治理助力脱贫实践案例①

西畴县位于云南省东南部，国土面积 1 506 平方公里，其中山区面积达 99.9％，裸露、半裸露的岩溶面积达 75.4％，是云南省乃至全国石漠化最严重的地区。20 世纪 90 年代初，西畴县石漠化面积占全县总面积的 71.6％，人均耕地只有 0.78 亩，生态环境破坏严重，生存条件恶劣。1985 年开始，西畴人民坚持开展石漠化治理，孕育产生了著名的"西畴精神"，谱写了石漠化治理的光辉篇章。

近年来，西畴县大力弘扬新时代"西畴精神"，以推进石漠化综合治理为抓手、统筹生态保护修复和"生态＋"产业开发，通过全民行动护生态、求脱贫、促发展，坚持将生态保护修复与经济社会发展同步推进，有效提升了生态产品的供给能力，探索出了一条适合深度石漠化地区发展致富、促进人与自然和谐共生的新路径。按照"石漠化治理＋生态修复＋生态产业开发"模式，由西畴县政府主导，通过修复森林植被、实施土地整治、提高水资源利用率等方式，提升了生态环境质量和生态产品供给能

---

① 案例来源：人民网，http：//rmfp.people.com.cn/n1/2020/0903/c433051－31848449.html。

力。村民作为森林、耕地等重点生态领域的保护主体，通过生态保护补偿资金获得基本收益，并作为承包经营主体，通过"生态＋"林农业复合经营产业获得可持续收益，促使生产生活水平提高，将自然资源资产的生态价值转变为经济财富。

一是建设水利设施，促进水资源保护与利用。科学布局水利基础设施，优先规划石漠区、重旱区、老旱区的设施建设，确保人畜饮水安全保障全覆盖。实施"五小水利"工程，提高水资源利用率，实现"散水集用、小水大用、丰水枯用、远水近用、低水高用"。组建用水协会，将部分农村供水移交协会管理，聘请村级水管员，有效解决农村水利工程管理"最后一公里"问题。

二是推进生态保护修复，提升生态环境质量。实施畴阳河、鸡街河河道治理工程，加快污水管网建设，分步分区域抓好农村生活污水治理。开展重金属污染治理工程，完成废弃矿山土地复垦和生态修复 3 379 亩。开展"散乱污"企业综合整治，加大清洁能源推广使用，强化大气污染联防联控。

三是实施"5 分钱"工程，破解乡村环境整治难题。每名村民每天交 5 分钱，一年交费 18 元，县级财政按照以奖代补形式进行保洁费用补助，由村集体聘请人员开展村内道路、公共活动场所等的卫生保洁工作，全面解决了乡村环境脏乱差问题。

（三）湿地保护与恢复工程：典型带动加快湿地保护修复迈上快车道[①]

湿地是云南重要的生态系统和珍贵的自然资源，发挥着"水塔""碳库"和"基因库"功能。为加强湿地生态保护，保障川滇生态安全屏障，

---

① 案例来源：云南省文化和旅游厅，https：//dct.yn.gov.cn/html/2403/14_33862.shtml。

云南将湿地保护情况作为生态功能区转移支付资金安排指数，通过政策引导，建立湿地保护长效机制，助推湿地保护。

一是推动湿地作为生态功能区转移支付重要指标。2013 年，云南在组织完成第二次湿地资源调查，建立全省湿地资源数据库的基础上，省林业厅积极与省财政厅沟通协调，将原生态功能区转移支付办法中的水域指标调整为湿地，为生态功能区转移支付资金安排用于湿地保护奠定了基础。

二是建立湿地生态功能指数指标体系。积极组织专家完成指标内容的筛选和论证，建立了湿地生态功能指数指标体系。从多个层面对湿地生态进行综合评价，避免了单独考虑水域面积测算带来的局限，体现了对生态脆弱地区、主体功能区中重点生态功能区和禁止开发区实施转移支付政策的公平性，科学、公平地将转移支付安排到因保护自然湿地而失去开发机会的区域，发挥政府正向引导作用。

三是确保数据来源准确并具代表性。指标内自然湿地总面积系数，以实际调查的河流湿地、湖泊湿地和沼泽湿地面积为依据，采用功效系数法计算并进行赋分。湿地生态重要性（典型性、脆弱性、类型多样性和物种多样性）和水质状况等内容，采用专家赋权法赋分，赋分依据分别来源于林业部门的湿地资源专项调查，国土部门提供的喀斯特地质分布区、高海拔地区数据，环保和水利部门提供的水质数据，农业部门提供的水生生物相关数据。

四是建立湿地资源变化年度核查制度。为做好湿地资源数据的动态管理，从 2014 年开始，云南以第二次湿地资源调查公布的数据为基准，每年通过各地自查、省级卫星影像数据判读和比对、现地核实 3 个步骤，开展湿地资源变化年度核查，数据作为全省生态功能区转移支付资金安排测算的重要依据之一。

五是建立湿地生态监测制度。为湿地资源有效监管提供支撑，云南编制印发了《云南省湿地生态监测规划》，逐步构建由 12 个监测站、20 处监测点构成的湿地生态监测网络，建立监测合作机制，规范开展监测活动。目前已启动 5 处湿地监测站监测工作。

六是建立湿地认定制度。目前，云南省政府批准两批共 15 处省级重要湿地，启动了一般湿地的认定工作。通过湿地认定为湿地分级管理，公开、公正、公平开展湿地执法和管理评估等工作奠定基础。

◎ 第三章 通过小流域综合治理解决局部自然和人为灾害

一、小流域综合治理的内涵

小流域综合治理主要指以小流域为单元，在全面规划的基础上，将预防、治理与开发相结合，合理安排农、林、牧等各业用地，因地制宜、因害设防，优化配置水土流失综合治理措施，对流域水土资源及其他自然资源进行保护、改良与合理利用，以充分发挥水土资源及其他再生自然资源的生态效益、经济效益和社会效益的综合性治理技术。

小流域的界定。小流域面积一般不大于50平方公里，但大多涵盖了山、水、林、田、路、村等相关要素。据统计，中国流域面积在200～3 000平方公里的中小河流约有1万条，其中承担防洪治理任务的有6 800多条。

二、解决的主要问题

总体而言，小流域治理的主要目的是为了缓解中小河流自然和人为灾害，不同治理参与对象在既定客观条件下，协调解决经济社会发展与河流自然属性间的矛盾。用5年时间，在全国形成推进生态清洁小流域建设的工作格局。其中，东部地区以村庄或城镇周边水系和水源地为重点，整体推进生态清洁小流域建设；中西部地区以自然资源禀赋条件较好和经济社会发展水平较高的区域为重点，建成一批示范作用明显的生态清洁小流域。用 10～15 年时间，在全国适宜区域建成生态清洁小流域。治理后的小流域内水土资源得到有效保护，流域水系通畅洁净，人居环境显著改善，水土资源利用与区域经济社会发展更相适配，乡村特色产业得到培育和发展，群众生态保护意识普遍增强，山青、水净、村美、民富的目标基本实现。

分区域来看，由于不同地区的发展目标和侧重点不一样，因此小流域治理要解决的问题也具有区域性特征。具体来看主要分为以下几个层次。

东北地区粮食安全保障任务重，农田保护、城镇发展与河流行洪空间、生态空间保护矛盾突出。山区型小河流要保持原生态状况，要减缓水流冲刷塌岸影响，需要充分利用已建工程，采用局部加固或新建堤防的方式加强河道岸坡整治，根据需要对卡口河道进行清淤疏浚，保护山间河谷的林场经营所、村屯和农田。平原型小河流通过清违清障、固岸保滩、控制河势、稳定主槽等措施提高河道行洪能力，改善排涝和灌溉条件。

华北地区未治理小河流存在河道萎缩淤积、行洪不畅、堤防不达标等突出问题，应通过提高河道过流能力、稳定河势、进一步完善防洪排涝工程体系等措施，提高乡村、农田防洪保护水平，改善排涝及灌溉条件。河流源头区采取局部岸坡防护、卡口疏浚等措施，以保持河流自然形态、稳定河势为主。

西北地区人居密集的小河流重点河段已基本治理，未治理河段主要分布在山区，沿岸居民房屋零星坐落，耕地未集中连片，一般通过护岸达标建设对河流弯道、水流顶冲与淘刷河段进行防护，提升区域防洪减灾能力。在草原地带零散分布的牧民生活区，要充分发挥现有湖泊水面、草滩洼地对洪水的滞蓄作用。

华中地区一方面通过固岸保滩，加强岸坡守护，控制游荡型河道河势，疏浚局部卡口河段，畅通洪水下泄通道，结合排涝设施建设，提高区域防洪排涝能力。另一方面，严控城镇向河流蓄洪空间发展，畅通内部河湖水系，改善江湖关系。

东南地区小河流河网密度大，治理基础好，应根据经济社会发展情况科学设定河道治理标准，实现发展与安全良性互动。地势低洼区需依托流域防洪体系，进一步打通断点，沟通水系，提高整体防洪排涝能力，妥善处理洪涝矛盾。

西南地区山麓河谷人口较集中的乡镇、村庄、集中连片农田和牧场等是重点保护对象，小河流治理过程中要特别考虑局部岩溶发育区明流、伏流交替的特点，畅通地下岩溶通道，新建排洪隧洞，防止洪水倒灌形成内涝。

三、适用范围

主要从生态系统整体性和流域系统性出发，以流域为单元，统一规划，分区施策，开展小流域整治，主要适用于以提升防洪减灾能力为主要内容的、流域面积 200～3 000 平方公里的中小河流治理项目。

2006 年，水利部在 30 个省遴选了 81 条小流域，开展生态清洁小流域建设试点。多年来，北京、浙江、福建、江西、广东、云南等省份在实施小流域治理的同时，结合农村人居环境整治、乡村特色产业发展等，打造了一大批具有示范作用和社会影响力的生态清洁小流域，在保护水土资源，改善人居环境，促进群众增收致富和推动生态文明建设等方面发挥了重要作用，并探索形成了较为完善的建设模式、技术路线和工作机制。

四、实施过程

（一）新中国成立初期的治理举措

中国山区农民为了利用沟道进行农业生产，历史上就采用"闸沟垫地""打坝淤地"等方法，对小流域实行坡沟兼治、综合治理，1956 年，黄河水利委员会推广的"以支毛沟为单元综合治理"实际上就是中国小流域综合治理的雏形。

（二）改革开放后的治理举措

1980 年 4 月，水利部在山西吉县召开了 13 省（自治区）水土保持小流域治理座谈会，颁发了《水土保持小流域治理办法（草案）》。随后，国家陆续出台了鼓励农民和全社会以承包、租赁和股份合作等形式治理开发小流域的政策。20 世纪 90 年代中期又出台了拍卖"四荒"（荒山、荒沟、荒丘、荒滩）使用权的政策。在有国家和地方投资治理水土流失的重点区域内，全部要求以小流域为单元实施治理。根据国家投资情况，在重点治理县内，每批只相对集中地开展几条小流域的治理，完成并验收一批后，再开展一批，滚动发展，并建成了生态经济小流域、生态清洁小流域等创新模式。

（三）党的十八大以来的重要举措

1. 实施治山保水

在人类活动较少、林草植被较好的区域，以封育保护为主，依靠自然恢复防治水土流失。在水土流失较为严重、林草植被稀疏的区域，因地制宜采取封禁、补植补种以及截、蓄、排等坡面水土保持工程措施。在农林牧等生产活动较为频繁的区域，加强人为水土流失监管，实施保护性耕作、地埂植物带、农田防护林建设等配套措施。加强坡耕地、侵蚀沟、崩岗等水土流失重点地块综合治理。开展退化林修复，提高山地林分质量，加强林下水土流失防治，提升区域生态系统质量和稳定性。

2. 实施治河疏水

围绕保护修复流域河湖水生态系统，复苏河湖生态环境，实施河道、沟道、塘坝等水系综合整治。有条件的地方紧密结合中小河流治理、水系连通及水美乡村建设、幸福河湖建设，推进河道清障、清淤疏浚、岸坡整治、水源涵养、水土保持、河湖管护及生物过滤带、河岸绿化等。推广生态高效水生植物，丰富河湖及其周边生物多样性，维护河流健康生命，打造安全畅通的河湖水系和亲水宜人的水美景观。

3. 统筹治污洁水

结合实施农村人居环境整治提升行动，推进流域内水污染治理、生活污水和农村生活垃圾治理、农业面源污染防治和乡村绿化美化。因地制宜推进农村厕所革命，加强畜禽养殖粪污治理、厕所粪污无害化处理与资源化利用。推广测土配方配肥等科学施肥技术，禁止使用高毒高残留农药。在农田毗邻水库和河流的地方，建设植物缓冲带，通过吸收转化，有效减少氮、磷等营养物质进入水体。开展村庄荒地、裸地、"四旁"（村旁、宅旁、路旁、水旁）绿化美化，宜林则林、宜草则草，尽量采用乡土树种草种进行植被建设。不搞大拆大建，保留乡土气息，建设美丽宜居村落。

4. 推进以水兴业

实施"小流域＋"，因地制宜打造水源保护型、生态旅游型、绿色产业型、和谐宜居型、休闲康养型等特色小流域产业综合体。推动水土流失治理与改善水环境、修复水生态、发展乡村产业有机结合，提供更多更优蕴含水土保持功能的生态产品，拓宽乡村增收渠道。推广经济高效型水土保持植物，支持有条件地区发展规模化水土保持经济植物种植与加工。科学合理布设雨水集蓄利用等小型水利水保工程，增加抗旱补灌水源。

五、实施效果及注意事项

近年来，中国中小河流防汛抗洪能力和防灾减灾能力得到明显提升，河流沿线的重要城镇、耕地和基础设施等得到有效保护，洪涝灾害风险明显降低，河流生态环境持续改善，取得显著的社会效益、经济效益和生态效益。2023 年，中央财政水利发展资金安排 212.4 亿元支持 998 条中小河流治理，下达治理任务 1.19 万公里。截至 2023 年年底，完成整河流治理 352 条，完成治理河长 1.16 万公里，年度任务完成率 97.5％。全国实施 3 628 座病险水库除险加固、999 条中小河流治理，提升 8 213 万农村人口供水保障能力，治理水土流失面积 1.27 万平方公里。

在坚持节水优先方面，组织开展流域内县域节水型社会达标建设，强化用水定额评估管理，实现了长江流域 23 条主要跨省江河水量分配全覆盖，水资源节约集约利用水平不断提升，节水理念深入人心。

在坚持空间均衡方面，推进南水北调东中线、滇中引水、引江补汉等重大水利工程建设，流域内基本建成以大中型骨干水库、引提调水工程为主体，大中小微并举的水资源配置体系。

在坚持系统治理方面，大力开展岸线利用、非法采沙、小水电、非法矮围等专项清理整治行动，有序实施洞庭湖、鄱阳湖等重要湖泊综合治理，强化生态流量保障，实施流域 125 座水工程联合统一调度，实现水土流失面积和强度双下降，江河湖库功能得到有力维系。

六、典型案例

（一）江西省赣州市：生态清洁小流域建设赋能乡村振兴①

小流域，是自然流域的基本单元，也是生态文明建设的"底图单

---

① 案例来源：中国水利，http://www.chinawater.com.cn/df/jx/202408/t20240808 _ 1055083. html。

元"。小流域如毛细血管一般，密布在城镇、乡村，关乎河湖健康与城乡发展。江西省赣州市曾经是中国南方水土流失最严重的地区，为了根治这一"生态痼疾"，赣州市坚持以习近平生态文明思想为指引，深入践行绿水青山就是金山银山的理念，紧紧抓住水土保持工作这个"牛鼻子"，把小流域建设融入生态环境建设和城乡经济发展的大格局中。

近年来，赣州新建和续建生态清洁小流域 54 条，流域治理总面积 1 620 平方公里，受益群众 32.4 万人，创建了以上犹县园村、宁都县勾刀咀生态清洁小流域为代表的国家级水保示范工程。如今的赣南已是名副其实的江南绿洲，从红土裸露、沟壑纵横，到山青水美、人水和谐，这样的蝶变得来不易。

推进水土保持高质量发展尤其是小流域建设，涉及多方面、多环节、多部门，要想达到"劲往一处使"的最佳效果，离不开系统的规划和完善的制度体系。目前，赣州市坚持系统治理理念，探索建设多部门、多目标协同治理机制，争取市财政专项资金开展生态清洁小流域提质增效试点，市县两级通过建立水利、自然资源等多部门协同配合的工作机制，打造赣州生态清洁小流域建设升级版。

如矿产资源丰富的于都县，因早期"重利用、轻生态"的开采模式，造成了土地资源破坏、水土流失等一系列生态环境问题。坚持问题导向，相关部门充分发挥规划先导和统筹作用，主动纳入水保规划，以水为主线科学编制方案，按照"水岸同治、全域共治"的思路，将山水林田湖草村路统一规划，治山、治水、治污协同推进，打造了潭头等生态清洁小流域。

为了激活水土保持强劲发展的新动能，赣州市强化政策激励，完善精准高效的保障机制。其中，为推动市级生态清洁小流域建设提质增效，设立了示范创建奖励制度，对成功创建国家水土保持示范县和示范工程（园）的单位分别奖励 100 万元、20 万元。各县（市、区）

也纷纷结合当地实际，建立健全更适配自身发展的体制机制。上犹县在创新部门联动、共建共享、社会参与和建后管护等体制机制方面积极探索，出台了《上犹县水土保持工程建设以奖代补实施方案》，发挥财政资金引导作用，鼓励支持社会资本、专业合作社、大户等参与水土流失综合治理；完善了生态清洁小流域管护机制，按照"谁使用、谁管护"和"谁受益、谁负责"的原则，通过设置公益性岗位、引入社会资本物业化管理等方式落实管护主体和管护责任，确保效益持续发挥。

赣州市根据《江西省生态清洁小流域建设规划（2022—2030年）》，坚持生态优先和民生优先，采取"四治（致）同步""五水共建"（治山、治水、治污、致富同步，治山保水、疏河理水、产业护水、生态净水、宣传爱水）方式推进小流域综合治理，山上采取营造水土保持林、坡面水系改造等生态修复措施，增强山林水源涵养能力；山下采取清淤疏浚河道、布设塘坝、蓄水池、排水沟等工程设施，提高河道调蓄能力和洁水功能，让秃山荒田披上绿衣，让村庄生态宜居、人水和谐、产业兴旺，切实提高项目建设可操作性，做到分类指导、精准施策。

在红色历史底蕴丰富的瑞金市，贡潭生态清洁小流域通过水土流失综合治理、美丽乡村建设、乡村振兴衔接资金项目，累计完成投资 2 100 余万元，其中水保资金 233.43 万元，治理水土流失总面积 8.4 平方公里，发挥了显著的示范引领作用。同样拥有红色资源的宁都县，在 2021 年成功创建勾刀咀生态清洁小流域后，持续推进碧岸、南岭小流域综合治理提质增效项目，在水利部的对口支援下，生态清洁小流域建设取得了明显成效。通过生态清洁小流域建设，一个个村庄不断涌现生态利民、产业富民的生动场景，这是赣州市水土保持工作践行绿水青山就是金山银山理念的真实写照。

（二）十年河湖之变：广州市南岗河打造大都市小流域幸福河湖建设"广东样板"①

广东省全面推行河湖长制，坚持山水林田湖草沙一体化保护和系统治理，河湖面貌发生了历史性改变，越来越多河湖恢复健康，重现生机，成为造福人民的幸福河湖。广州市南岗河便是广东河湖十年之变的生动实践之一。多年来，黄埔区认真答好水利部幸福河湖建设部署要求的开篇之作，探索出一条高度城市化地区小流域打造幸福河湖的新路径。

南岗河将防洪排涝作为城市规划建设的刚性约束，率先开展规划建设项目洪涝安全评估，与国土空间规划有效衔接，从源头破解城市洪涝治理难题。实行洪涝共治，构建"上蓄、中滞、外挡、分散调蓄"的防洪排涝工程体系，筑牢安全壁垒。以轻置入的方式，综合采用"净、蓄、滞、渗、用、排"等措施，建设海绵生态系统。全面推行"清四乱""五清""四洗清源"和网格化治水，用绣花功夫推进排水单元达标、雨污分流整治，整治污染源 1 300 多宗，新增污水处理能力 15 万吨/日，南岗河水质由曾经的劣Ⅴ类稳定提升到Ⅲ类水标准，部分水体达到Ⅱ类。同时，坚持尊重自然、顺应自然、保护自然，营造多样生境，构建韧性河道生态系统。创新推行降水位、少清淤、不调水的生态修复"三板斧"，保持低水位运行，让淤泥见阳光，中间走活水，形成河底湿地，依靠自然力量修复河道生态。基于"食物链自然法则"，通过微干扰生境设计手法，构建沙洲、浅滩、湿地等 24 种韧性多样的生境栖息地。据统计，南岗河干流水域面积约 49 万平方米，但河滩地和缓冲带植被覆盖面积达到 108 万平方米。

全面推行流域水资源循环利用，创建国家典型地区再生水利用配置试

---

① 案例来源：广东省水利厅，http://slt.gd.gov.cn/gkmlpt/content/4/4391/post_4391676.html#986。

点，建设萝岗水质净化厂再生水利用示范点，将再生水引入生态湿地净化后反哺河道，同时满足沿线市政、绿化用水需求，每年节水 200 多万立方米，降低成本 900 多万元，实现污水再利用。位于南岗河上游的木强水库全面建立水利工程标准化管理体系，充分发挥防洪调蓄、生态补水等功能，保障南岗河生态流量。打造南岗河数字孪生流域，织密水雨情、水质、内涝积水、管网液位、水工程安全等要素自动化监测网络，构建防汛调度、水资源管理、智慧碧道平台等"2＋1＋N"业务应用平台，为南岗河长效管护再添"利器"。

南岗河建立了河涌巡查、水面保洁、绿化管养、管网维护、志愿者团体等共计 380 余人组成的基层河湖管护队伍，编织共治网，打通了南岗河管护"最后一公里"。同时，鼓励和引导社会资本参与南岗河治理和日常养护，吸引企业投资 3 900 万元，并在南岗河流域设立"企业河长"，号召沿河企业以主人翁的态度共同打造高品质滨水空间，当好水环境"守门员"，凝聚起治水的强大合力。

以碧道为纽带，以水脉筑文脉，将岭南传统文化与水文化充分融合，重塑沿河滨水空间。打造亲水平台 74 处，通过打造滨水空间解决大城市生态休闲空间不足的问题；通过碧道建设完善城市慢行系统，使群众交通出行更加高效便捷；盘活学校周边近 1 万平方米的桥下空间、河边绿地，建成了被评为"广州最美、最具活力口袋公园"的南岗河悦动公园，展示尾水净化处理的南岗河活水湿地公园，解决少年儿童文体活动空间不足的问题，提供最宜居、最健康、最生态、最能亲近大自然的幸福生活空间。

◎ 第四章　通过农村人居环境整治改善贫困人口生活条件

一、农村人居环境整治的内涵

农村人居环境整治是坚持农业农村优先发展及"两山"理念、顺应广大农民过上美好生活的期待的必然选择。通过农村人居环境整治的具体行动，进一步改善贫困地区的生态环境，进一步改善贫困人口的生产生活条件，以建设更加美丽的乡村，实现长效可持续发展。

二、解决的主要问题

恶劣的人居环境会对居民健康、生产力和教育机会造成负面影响，是造成群体性贫困的重要原因。中国将农村人居环境整治与脱贫攻坚相结合，意在通过农村垃圾治理、农村"厕所革命"、农村生活污水治理和村容村貌提升等行动改善贫困地区和贫困人口的生产生活环境，激发贫困人口的内生动力，最终实现农业强、农村美、农民富。

三、适用范围

农村人居环境整治带动减贫的政策，尤其适用于发展中国家、欠发达地区和贫困地区，尤其是基础设施薄弱、生态环境脆弱的地区。适用人群主要包括农村居民和弱势群体。实施这一方案的关键条件包括政府的重视和政策支持、社区的参与和合作，以及技术和创新的支持。这些措施能够有效改善人居环境，提升居民生活质量，实现可持续的减贫目标。

四、实施过程

（一）农村垃圾治理

农村垃圾量大、面广、成分复杂，对农村生态环境造成了较大危害。中国统筹考虑农村生活垃圾、农业生产废弃物和农村工业固体废物的利用和处理，建立了符合农村实际、方式多样的农村垃圾治理体系。

1. 建立村庄保洁制度

中国要求各地方政府在农村地区根据作业半径、劳动强度等合理配置村庄保洁员，明确保洁员在垃圾收集、村庄保洁、资源回收、宣传监督等方面的职责。同时，还通过修订完善村规民约、与村民签订"门前三包"责任书等方式，明确村民的保洁义务。

2. 全面治理生活垃圾

根据村庄分布、经济条件等因素确定农村生活垃圾收运和处理方式，所有行政村都建立垃圾集中收集点，每个乡镇都建立垃圾转运站。普及密闭运输车辆，在有条件的地区配置压缩式运输车，建立与垃圾清运体系相配套的再生资源回收体系。推行卫生化的填埋、焚烧、堆肥或沼气处理等方式，禁止露天焚烧垃圾，取缔二次污染严重的简易填埋设施及小型焚烧炉。边远村庄垃圾尽量就地减量、处理，不具备处理条件的妥善储存，定期外运处理。

3. 推进农业生产废弃物资源化利用

在农村地区推广适合不同区域特点的经济高效、可持续运行的畜禽养殖废弃物综合利用模式，建设畜禽粪污原地收储、转运，固体粪便集中堆肥等设施和有机肥加工厂。推进秸秆综合利用规模化、产业化，建立秸秆收储运体系，推进秸秆机械还田和饲料化利用，实施秸秆能源化集中供气、供电和秸秆固化成型燃料供热等项目。在农村推广使用加厚地膜，扶持地膜回收网点建设，提高废旧地膜加工能力。建立农资包装废弃物贮运机制，回收处置农药、化肥、农膜等农资包装物。

4. 规范处置农村工业固体废物

强化对农村地区工业固体废物产生单位的监督管理，督促相关工业企业按照国家环境保护标准贮存、转移、利用、处置工业固体废物，依法查处在农村地区非法倾倒、堆置工业固体废物的行为，持续打击危险废物污染环境的违法行为。

（二）农村"厕所革命"

中国的农村厕所改造已有七十余年的历史。2015 年 1 月 15 日，全国旅游工作会议正式提出实施"厕所革命"，通过为农村家庭修建卫生厕所，阻断病毒、细菌影响饮用水源的途径，降低农村人口因病致贫的概率。农村户厕改造实施方案流程如下。

1. 农户申请

村"两委"人员对使用非卫生厕所的农户，逐户上门分发"明白卡"进行宣传发动。对有改厕意愿且符合改厕条件的农户，指导填写"农村户厕改造申请书"。

2. 村级审查乡镇备案

由村"两委"对申请改厕农户的详细信息（包括常住人数、厕屋和化粪池选址等承诺内容）进行摸底核对，审查通过并公示无异议后，签字盖章报乡镇备案。

3. 组织实施

乡镇党委、政府是农村改厕工作的业主单位，负责本乡镇范围内改厕监管、督查、验收和资金管理。村"两委"接受改厕户委托，与改厕户签订"农村户厕改造协议书"，组织经培训合格的施工人员，具体实施非卫生厕所改造项目，并对改厕全过程进行监督管理。

4. 验收工作

一是乡镇、村成立验收工作组，对照实施内容和卫生厕所标准，逐户进行核查，按照"一户一表"的要求填写乡镇、村级验收表。二是县级验收。由县农业农村局、县扶贫办、县财政局、县住房和城乡建设局、县卫生健康局等部门抽调工作人员组建县级验收工作组，负责验收工作。验收工作组在乡镇验收合格的名单中随机抽取确定验收农户，对照标准规范进行实地查验，验收完成形成县级抽查验收结论，乡镇及时将农村户用厕所新（改）建公示表进行公示，公示无异议后按程序兑现奖补资金。

（三）农村生活污水治理

与城市生活污水相比，农村生活污水具有流量小、浓度低、收集困难等特点，加之村庄分布较为分散，农村生活污水的集中管理存在较大困难。在治理农村污水过程中，中国根据村庄不同区位条件、人口聚集程度、污水产生规模，因地制宜采用污染治理与资源利用相结合、工程措施与生态措施相结合、集中与分散相结合模式开展污水治理。

1. 推动城镇（园区）污水管网向周边延伸覆盖

中国要求各地区按照在设施能力允许范围内应纳尽纳的原则，对城镇（园区）污水处理厂污水管网已经覆盖到的村庄，加建农村污水收集管网，由污水处理厂统一处理并加强中水回用。对城镇（园区）污水处理厂污水管网可覆盖到但尚未覆盖的村庄，经城市排水主管部门评估后，加快农村污水收集管网和支管网联通建设。

2. 建设集中式污水处理设施

对乡镇所在地、中心村、旅游村等规模较大、人口集中、具备完整上下水管道的村庄，实施污水收集管网和集中处理设施统筹建设，实现厕所粪污与生活灰水一体化处理与资源化利用。对规模较小、居住分散或不具备管网收集条件的村庄，根据人口规模和实际产生粪污量、处理覆盖范围等情况，统筹建立区域性生活灰水、厕所粪污无害化集中处理站进行集中处理。

3. 实施生活污水分散处理

对居住分散、粪污不易集中处理的坝上、山区边远村，采取户用化粪池、沼气池等进行污水无害化分散处理，建设污水储存罐用于冬季储存，结合农业化肥减量增效、水肥一体化等，引导农户、农业合作社、家庭农场等现代农业经营主体将治理后的污水作为有机肥水使用，实现无害化处理、资源化利用。同时，加强生活灰水的有效管控，通过冲厕、庭院绿化等原位消纳方式，或联户建立集中生态化处理设施处理后中水回用，实现生活污水源头减量化、无害化处理。

4. 完善长效管护机制

县级政府根据污水处理设施资金投入建设渠道，明确其产权归属部门或单位，制定完善设施运行管护制度，明确设施管护主体、管护责任、管护方式、管护经费来源等，通过城乡污水处理一体化运行管护，引入专业化企业进行管护，实现农村生活污水无害化处理市场化、专业化。

（四）提升村容村貌

1. 提升农村公路建管养运综合水平

一是建设好农村公路。中国要求农村公路建设与优化城镇布局、农村经济社会发展和农民安全便捷出行相适应，按照等级公路技术标准建设农村公路。重点推进中西部地区和集中连片特困地区建制村通硬化路，开展农村公路安保工程和危桥改造。二是管理好农村公路。建立县级农村公路管理机构、乡镇农村公路管理站和建制村村道管理议事机制。按照依法治路的总要求，开展农村公路法治和执法机构能力建设，大力推广县统一执法、乡村协助执法的工作方式。完善农村公路保护设施，努力防止、及时制止和查处违法超限运输及其他各类破坏、损坏农村公路设施的行为。大力整治农村公路路域环境，加强绿化美化，定期清理路域范围内的草堆、粪堆、垃圾堆和非公路标志。三是养护好农村公路。建立"县为主体、行业指导、部门协作、社会参与"的养护工作机制，落实县级人民政府的主体责任，发挥乡镇人民政府、村委会和村民的作用。推进养护专业化，以养护质量为重点，建立养护质量与计量支付相挂钩的工作机制。对于日常保洁、绿化等非专业项目，通过分段承包、定额包干等办法，吸收沿线群众参与。农村公路大中修等专业性工程，通过政府购买服务的方式交由专业化养护队伍承担。四是运营好农村公路。按照"城乡统筹、以城带乡、城乡一体、客货并举、运邮结合"总体思路，建设农村公路运输服务网络。在城镇化水平较高地区推进农村客运公交化，有条件的地区在镇域内发展镇村公交。同时，推进县、乡、村三级物流站场设施和信息系统建设，按照"多站合一、资源共享"的模式，推广货运班线、客运班车代运邮件等农村物流模式，大力发展适用于农村物流的厢式、冷藏等专业化车型。

2. 加强中国传统村落保护

一是明确部门责任分工。住房和城乡建设部、文化和旅游部、国家文物局、财政部等四部局共同开展传统村落保护工作，公布中国传统村落名录，制定保护发展政策和支持措施，组织、指导和监督保护发展规划的编制和实施、非物质文化遗产保护和传承、文物保护和利用。省级住房和城乡建设部门、文化部门、文物部门、财政部门负责本地区的传统村落保护发展工作，编制本地区传统村落保护发展规划。地市级人民政府负责编制本地区传统村落保护整体实施方案，制定支持措施，建立健全项目库。县级人民政府对本地区的传统村落保护发展负主要责任，负责传统村落保护项目的具体实施。乡镇人民政府要配备专门工作人员，配合做好监督管理。二是建立保护管理信息系统。系统主要用于登记村落各类文化遗产的数量、分布、现状等情况，记录文化遗产保护利用、村内基础设施整治等项目的实施情况。三是开展监督检查。四部局共同组织保护工作的年度检查和不定期抽查，通报检查结果并抄送省级人民政府。同时，四部局利用中国传统村落保护管理信息系统和中国传统村落网站公开重要信息，鼓励社会监督。四是建立退出机制。村落文化遗产发生较严重破坏时，省级四部门向村落所在县级人民政府提出濒危警示通报。破坏情况严重并经四部局认定不再符合中国传统村落入选条件的，四部局会将该村落从中国传统村落名录中予以除名并进行通报。

3. 开展乡村绿化美化行动

一是制定工作方案。省级林业和草原主管部门结合本地实际制定行动方案，指导乡村绿化美化工作。各县制定具体工作方案，明确县域内乡村绿化美化的内容、任务、标准，将任务落实到行政村，并以行政村为单位建立工作台账。二是宣传发动。各地充分利用报刊、广播、电视等新闻媒体和网络新媒体，广泛宣传乡村绿化美化行动的重大意义，推广好典型、好经验、好做法；利用生态科普栏等形式，宣传生态文明理念，提高村民知晓度和参与度，营造全社会关心支持乡村绿化美化行动的良好氛围。三是开展典型示范。2019年国家林业和草原局正式启动国家森林乡村、乡村绿化美化示范县建设工作。同时，国家林业和草原局要求各地结合本地实际开展地方森林乡村建设。通过试点示范，总结提炼出一批乡村绿化美化成功经验，形成一批能复制、可学习、可推广的成熟技术、建设方式和管护机制。四是持续稳步推进。中国将乡村绿化美化行动作为一项长期任务来抓，要求各地针对突出问题，结合本地实际和传统习俗，根据乡村生态保护修复和林草产业发展需要，推动乡村绿化美化工作常态化。自然条件好、气候条件适宜、树种资源丰富的地区，加快乡村绿化美化进程。干旱地区以水定绿、量水而行，根据水资源承载能力，科学确定林草比重，逐步提高生态宜居水平。

五、实施效果及注意事项

（一）实施效果

脱贫攻坚期间，中国农村人居环境整治工作有序推进，取得了阶段性成果。农村生产生活垃圾和生活污水得到有效治理，农村厕所改造稳步推进，人居环境基本实现干净整洁有序，"农业强、农村美、农民富"的目标正逐步实现。

1. 农村生活垃圾治理效果明显

中国农村生活垃圾处理率呈现逐年递增态势。其中，建制镇的生活垃圾处理率和生活垃圾无害化处理率已经从 2015 年的 86.03％、44.99％分别增长至 2020 年的 89.18％、69.55％，分别提高了 3.15 和 24.56 个百分点。2020 年全国乡镇生活垃圾处理率和生活垃圾无害化处理率较 2015 年分别提高 14.65 和 32.64 个百分点。2020 年镇乡级特殊区域的生活垃圾处理率和生活垃圾无害化处理率较 2015 年分别提高了 33.95 和 33.52 个百分点[①]。同时，各省在农村生活垃圾的处理方式上，摸索出了具有典型地区特征的处置方案。如部分地区已经推行的"户分类、村收集、镇转运、县处理"模式，有效推进了城乡环卫一体化进程，极大改善了农村生态环境和村庄面貌。

2. 农村厕所改造稳步推进

中国积极推进农村厕所改造工程，提高了农村卫生厕所的普及率。截

---

① 资料来源：历年《中国城乡建设统计年鉴》。

至 2020 年底，中国农村卫生厕所普及率达 68％以上，相比于 2018 年提高了 15 个百分点，累计改造农村户厕 4 000 多万户①。农村厕所改造稳步推进，既美化了农村生活环境，又有效杀灭了粪便中的寄生细菌，从源头上控制了疾病的传播，有效减少了因病致贫、因病返贫现象的发生。

3. 农村生活污水治理成效显著

随着脱贫攻坚行为和美丽乡村建设的实施，中国农村生活污水治理水平显著提升。数据显示，建制镇污水处理率和污水处理厂集中处理率已经由 2015 年的 50.95％、41.57％分别增长至 2020 年的 60.98％、52.14％。2020 年全国乡污水处理率和污水处理厂集中处理率较 2015 年分别提高了 10.21 和 8.01 个百分点。2020 年镇乡级特殊区域的污水处理率和污水处理厂集中处理率较 2015 年分别提高了 22.39 和 21.15 个百分点②。农村污水治理帮助农民告别了黑臭水体，改善了农民的居住条件。

4. 农村交通条件显著改善

2016 年至 2020 年，中国累计完成新改建农村公路 138.8 万公里，全国农村公路总里程达到 420 万公里，共解决了 246 个乡镇、3.3 万个建制村通硬化路难题，新增 1 121 个乡镇、3.35 万个建制村通客车，基本实现了具备条件的乡镇和建制村 100％通硬化路、100％通客车③。以县城为中心、乡镇为节点、村组为网点的农村公路交通网络已经初步形成，农民群众"出门水泥路、抬脚上客车"的梦想基本实现。

（二）注意事项

农村人居环境整治过程中，面临的困难和风险主要包括资金不足、技

---

① 资料来源：人民资讯网，https：//baijiahao.baidu.com/s？id＝1706119860683022055&.wfr＝spider&.for＝pc.

② 资料来源：历年《中国城乡建设统计年鉴》。

③ 资料来源：中国交通运输协会。

术和管理能力不足、自然条件限制、文化和社会因素等方面的问题。解决这些问题需要综合施策，协调各方力量，持续投入和管理，确保人居环境整治工作取得长效。

1. 资金不足

农村人居环境整治是一项系统工程，包括基础设施建设、维护和运营等，资金需求极大，贫困地区和财政资源有限的地方，可能难以筹集足够的资金。

2. 技术和管理能力不足

农村地区尤其是贫困地区往往缺乏专业的环保技术和管理人才，导致环境整治工作推进困难，容易出现实施不力和后续维护不到位的问题，治理效果不理想。

3. 自然条件限制

贫困地区多与山区、丘陵等地理环境复杂的地区相重合，农村人居环境整治项目实施难度大，工程成本高，恶劣的气候条件还可能影响施工进度和整治效果。

4. 文化和社会因素

农村居民固有的生活习惯和传统观念根深蒂固，改变这些习惯需要时间和耐心。部分人居环境整治措施可能受到村民的抵触和不认同，需要通过宣传教育和引导，提高村民的认同感和支持度。

六、典型案例

（一）重庆市北碚区五举措加强农村垃圾收运治理①

2016年，北碚区以洁净"全域"为目标，扎实开展农村垃圾收运、

---

① 案例来源：中华人民共和国农业农村部，http：//www.moa.gov.cn/xw/qg/201901/t20190117_6169732.htm。

城镇环境综合整治工作，有序将城市管理的触角延伸覆盖 17 个镇街，实现市容环境城镇同步提升。

一是重视调研，多角度掌握治理需求。为全面掌握全区农村垃圾治理现状，7 月底，成立了北碚区农村垃圾治理专项督查工作小组，对全区 15 个涉农镇街的农村垃圾治理和农村人居环境整治情况进行了实地调研和督查，摸清了各镇街治理工作推进存在的突出困难和现实需求。同时组织 15 个涉农镇街先后赴四川丹棱、渝北兴隆学习借经，进一步开拓视野、丰富招法。

二是整合资源，多渠道统筹资金投入。为破解财政薄弱的短板，对全区各级各部门的项目情况进行了摸排，对其中相同或类似的项目进行整合，尽量从多个方位筹措项目资金，按照"渠道不乱、用途不变、统筹安排、形成合力"的原则落实工作经费。在加大区级财政投入的同时，积极向市级财政争取专项资金，并在有条件的镇街试推"本级财政自筹一点、村集体补贴一点、社会帮扶捐赠一点、上级财政补助一点"的资金政策，谋划农村生活垃圾治理市场化运作。2016 年年初，借力农村人居环境项目东风，拟贷款 2 500 余万元用于改善部分镇街现有收运设施设备。

三是强化考核，多方面督促工作推进。为确保长效，11 月初，区市政园林局在充分调研利弊的基础上，结合市级相关考核评分标准，制定了一套适合北碚农村地区垃圾治理的考核体系，详细划定了考核内容并制定出相应评分标准，拟对城镇一、二、三组（除天生、朝阳街道外）的 15 个镇街农村地区的垃圾治理成效及日常管理等实施全面考评，并纳入城市综合治理效果类考核中。区委督查室、区政府督查室也多次以暗查的形式深入各镇街，对日常管理中存在的问题进行查找、通报、整改，以此助推工作的深入。

四是舆论着力，多层面强化群众参与。高度重视舆论宣传的引领作用，在充分利用广播、电视、宣传片、宣传图册和宣传画报等媒介的同时，还注重强化镇、村干部及一线保洁人员的宣传引导作用，通过实施一系列的宣传引导，广大农村群众对生活垃圾治理有了较深的认识，也对日常开展的各项工作表示了支持与理解。与此同时，北碚区还整合区级各部门与环境相关的各项评比工作，将其引入农村垃圾治理中来，有力引导了农村群众主动参与的主观意识，形成干部群众齐抓共管的良好局面。

五是高效务实，多方位提升治理成效。目前，北碚区按照搭建一个工作班子、制定一个实施方案、建立一套运行机制、完善一套工作制度、健全一套保障机制的"五个一"要求，完善了全区农村垃圾管理体制机制和相应技术标准，基本实现了农村生活垃圾治理有齐全的设施设备、有成熟的治理技术、有稳定的保洁队伍、有充足的资金保障、有完善的监管制度。各镇街均建立起相应的组织机构，实行书记、镇长"一把手"负责制，全区15个涉农镇街的117个行政村（社）在镇街的督促指导下均建立了贴合自身实际的村庄保洁工作制度，基本实现"包人包片"的管理模式，77个行政村（社）与辖区镇街签订了农村环境卫生相关村规民约。同时，全区各部门和镇街也按照各自职能职责，以"新产生垃圾日产日清、陈年老垃圾逐步清除"的要求对农村地区的存量垃圾进行了清理整治。截至目前，累计清理存量垃圾860处1 300余吨，农村地区生活垃圾无害化处理率达90％以上，农村生活垃圾有效治理的行政村占比100％。

（二）浙江省常山县：一厕一所长 一厕一风景[①]

2017年开始，常山县在全省首创并推行公厕"所长制"。截至2019年10月，常山县已经完成130余座农村独立公厕的改造提升计划，有公厕的村庄占村庄总数的70％以上。一座座干净方便的公厕"登上了大雅

---

① 案例来源：浙江政务服务网，https://zld.zjzwfw.gov.cn/art/2020/5/26/art_1659783_43457159.html。

之堂"，成为常山美丽乡村建设的突出亮点。

一是创新公厕"所长制"，扣紧健全责任链。一是所长任职全覆盖。把"厕所革命"工作列为"一把手"工程，借鉴"河长制"做法，在全省首创公厕"所长制"。县委书记担任全县公厕总所长，县委副书记、常务副县长分别担任农村公厕总所长和城区公厕总所长。城区公厕所长由县建设局中层以上干部或街道党工委书记担任；乡镇公厕所长由乡镇党委书记担任；农村公厕所长由村"两委"干部担任；景区公厕所长由景区负责人担任。该县全部公厕均任命了所长。二是基本职能一单清。明确公厕所长管理念、管环境、管难题、管群众发动 4 项基本职能，在公厕醒目位置张贴"所长公示牌"。同时，为每名所长配备一本《巡查日志》，城区公厕所长巡查每周一次以上，乡村公厕所长巡查每周两次以上，主要检查厕所环境卫生、地面防滑、厕纸供应、照明维护等各项工作是否落实到位。三是绩效考核动真格。把厕所提升成效作为文明村镇、美丽乡村评比的重要依据，列入乡镇（街道）每年重点工作任务和考核目标，倒逼公厕所长主动作为，扛起责任。

二是创新统筹建设机制，打造"一厕一风景"。一是规划统领。明确城区每平方公里建设 4～7 座公厕，乡镇和行政村建设 1 座以上。新建、改建全部由县里委托专业单位，按照国家旅游厕所 A、AA、AAA 等级标准进行景观化设计。二是因地制宜。将公厕新建、改建主动权交给基层，鼓励根据统一规划设计用好现有资源，降低建设成本，据测算，该县新建、改建 246 座独立公厕，平均每座耗资仅 20 余万元。比如，新昌乡郭塘村利用"三改一拆"多余材料建设一座 60 平方米、达到 AA 标准的新公厕，仅花费 14 万元。三是文化融合。结合当地实际，灵活采用浙派、徽派、现代等建筑外观，有机融合竹木、常山石、山茶等常山特色元素，并以常山特产胡柚演变而来的胡柚娃卡通形象制作统一的公厕导向牌，让公厕处处体现文化味、常山味，成为城乡一景。比如，何家乡江源村公厕由老房子翻建，保留了老建筑的骨架和韵味，与周边的老建筑江氏家庙融为一体。

三是创新维护运营机制，提升群众体验感。一是城乡分类维护。城区公厕由政府购买专业保洁公司服务进行维护，乡村公厕因地制宜采取聘请专职管理员、与村庄保洁捆绑等方式进行维护，厕所所长在日常巡查中监督厕所维护情况，一旦发现问题，立即督促整改。二是加强人性化服务。根据中国现行《城市公共厕所设计标准》规定，科学设置男女厕位比例，配套残疾人厕位、第三卫生间、无障碍设施等；每个厕所都配有厕纸、衣帽钩、置婴台、手机架、充电插座、无线网络等设施；推广应用感应节水、除臭环保等技术，保障公厕整洁无异味。三是完善标识指引。在公厕周围 50 米至 100 米的范围设置引导牌，特别是在城区公厕附近的主要道路上均设置引导牌，标明公厕的方向和距离，方便群众寻找。运用"互联网＋"信息技术，制作"全县公厕电子一张图"，纳入本地掌上服务平台"慢城通"、第三方地图应用、微信小程序等，做到群众身边寻厕一键搜索、精准导航。

四是创新多元投入机制，实现少花钱多办事。一是财政投入保障。县财政分 3 年共划拨 800 万元保障城区公厕建设，每年从美丽乡村专项建设资金中拨付 1 500 万元保障乡镇厕所建设。二是社会资金补台。动员热心企业主动参与周边公厕建设，共筹集社会建设资金 54 万元。通过以商养厕的方式，吸纳 6 家企业在公厕投放广告，每年收入 60 余万元用于公厕维护支出，占年维护支出的 45％，大大减轻财政压力。三是存量资源盘活。动员城区沿街 12 家机关事业单位和 10 家服务行业单位组建"公厕联盟"，设立引导标识，免费对外开放厕所，缓解城区局部地区或特殊时段如厕难问题。

五是创新联动改造机制，放大"厕所革命"效应。在大力推进城乡公厕建设的同时，联动开展农村旱厕拆除行动和困难农户厕改行动，确保全域提升、全民受惠。结合美丽乡村建设等工作，对存量旱厕拔钉销号，将全县 3 141 座旱厕全部拆除。针对排查梳理出的还在使用老式马桶的 872 户困难农户，统一由乡镇出资，村里施工，按照有 4 平方米左右独立空间、有抽水马桶等必要设施、有洗手盆等配套、有污水处理设施的"四有"标准进行改造，实现困难农户无害化卫生户厕改造全覆盖，有效改善了困难农户的生活环境。

（三）山东省枣庄市峄城区探索低成本、易维护的农村生活污水治理模式①

枣庄市峄城区以整县推进乡村生态振兴为契机，聚焦农村生活污水治理，坚持因地制宜、建管并重，做到"一村一策、一户一策"，积极探索低成本、易维护的农村生活污水治理路径，形成了可复制、可推广、可借鉴的"峄城模式"，有效推动了农村人居环境持续改善。截至 2023 年 6 月，共完成 210 个行政村生活污水治理，治理率达 64.8%，黑臭水体实现动态清零。

在治理思路上，峄城区以"污水减量化、分类就地处理、循环利用"为导向，综合考虑农村经济实力、地形条件、村庄实际、村民意愿等因素，坚持"一体统筹推动、多元融资撬动、有机结合联动"，科学谋划全区农村生活污水治理，形成了如下三方面的治理亮点。

一是坚持规划先行，统筹谋划全域治理。以"污水减量化、分类就地处理、循环利用"为导向，充分考虑农村经济社会状况、村民意愿等因素，科学规划农村生活污水治理。

二是坚持建管并重，跟进运维长治久美。区级层面牵头负责农村生活污水治理工程建设及日常监管与技术指导，镇街层面统筹负责辖区污水处

---

① 案例来源：山东环境，https：//m. thepaper. cn/baijiahao＿25666772。

理设施运维管理，村居层面组建维管队伍落实巡查检查、管渠清疏等日常工作。

三是坚持协同发力，强化资源要素保障。强化资金保障，积极拓宽融资渠道，通过建设-运营-转让（BOT）、专项债、国企融资等多种模式保障资金需要。强化督导保障，健全完善农村污水治理运行评估机制，定期开展出水水质检测，通过用电量监测实时掌握污水处理设施运行情况，综合评估收集率、处理率、村民满意度等指标，切实提升农村生活污水治理效率。

◎ 第五章 通过开发利用贫困地区生态资源破解"资源诅咒"

一、农村地区生态资源开发利用的内涵

农村地区生态资源开发利用本质上是将生态资源的价值实现过程嵌入农业农村发展中，立足农村贫困地区的生态资源禀赋，将生态资源开发与扶贫开发有机结合，激发出生态资源的环境效益、经济效益、社会效益、文化效益等，通过产业发展和机制创新，让农村贫困地区的生态资源要素活起来、生态产业发展起来，让资源变资产、农民变股东，让"绿水青山"变"金山银山"，带动农村地区贫困人口增收，助力实现农村贫困地区人口脱贫致富。生态资源开发利用扶贫政策主要有两类：生态产业扶贫政策和生态资产收益扶贫政策。生态产业扶贫政策侧重于推动贫困地区产业发展带动区域整体性脱贫；生态资产收益扶贫政策侧重于以收益分红方式推动贫困户或村集体脱贫。

（一）生态产业扶贫政策的内涵

政府因地制宜制定产业发展规划，提供资金、技术等支持，土地、人才等保障，通过产业结构调整、升级的方式重新整合贫困地区的自然资源、物质资源和人力资源，将传统高消耗、低效率产业转化为以生态环境为基础、以市场为导向的生态产业，以此带动贫困人口脱贫致富。包括生物资源开发产业、生态农业及其加工产业、生态旅游、光伏产业等。

（二）生态资产收益扶贫政策的内涵

政府制定有关生态资源产权、收益分配等政策，引导、支持贫困地区符合条件的农村土地资源、集体所有森林资源，通过多种方式转变为企业、合作社或其他经济组织的股权，推动贫困村资产股份化、土地使用权股权化，将农村的生态资源和自然资源等折股量化给贫困村和贫困户，尤其是丧失劳动能力和弱劳动能力的贫困户，相关经营主体利用生态资产从事环境友好型产业活动，贫困村和贫困户按照股份获得收益。

二、解决的主要问题

中国林地、草原、湿地、荒漠化土地占国土面积的 70% 以上，分布着全国 60% 的贫困人口。生态资源富集地区拥有丰富的自然及生态资源，然而由于缺乏生态资源与生态产品价值实现机制或者是因绿色发展能力低、绿色产业基础薄弱而陷入贫困。这类地区需要通过制度创新，实现生态资源的经济价值；或者利用生态资源，发展生态产业，把生态优势转化为经济优势，惠及贫困人口。生态资源开发利用扶贫政策主要以农村贫困地区丰富的生态资源为依托，重点解决农村贫困地区生态资源开发利用效率低下、产业发展基础薄弱和贫困群众增收渠道狭窄的问题。

（一）有序、充分开发贫困地区生态资源，挖掘生态资源价值实现路径，发展生态产业，夯实贫困地区产业发展基础

农村贫困地区往往拥有丰富的生态资源，这些资源的开发和利用可以成为推动地方经济发展和区域性脱贫的重要动力。通过科学规划、合理利用生态资源，发展多元化的生态产业，不仅可以夯实贫困地区的产业基础，还能促进生态保护，实现经济效益和生态效益的双赢。一是发展旅游

产业。通过开发自然保护区、森林公园、湿地等生态旅游项目，形成生态保护与旅游产业发展良性循环。二是发展绿色农业。通过发展有机农业、生态养殖，发展生物医药、天然食品添加剂等高附加值产业促进农业的可持续发展，夯实农业产业绿色发展基础。三是发展生态文化产业。挖掘贫困地区独特的生态文化资源，发展文化创意产业，如生态博物馆、生态文化节等特色文化产业。

（二）变生态资源为致富资产，建立合理利益联结机制，完善收益分配制度，拓宽贫困群众收入渠道

生态资源丰富的农村贫困地区，尽管自然条件优越，但由于缺乏科学的开发和合理的利益分配机制，往往难以摆脱贫困。通过将生态资源转化为致富资产，建立合理的利益联结机制，完善收益分配制度，可以有效拓宽贫困群众的收入渠道。一是合作社模式。鼓励农民组建合作社，共同参与生态资源的开发和管理。合作社统一采购、生产和销售，提高市场竞争力，增加成员收益。二是"公司＋农户"模式。通过企业与农户签订合作协议，企业提供技术、资金和市场渠道，农户负责利用生态资源生产，双方共享收益，降低农户的市场风险，提高他们的收益稳定性。三是社区参与模式。动员社区居民共同参与生态项目的开发和管理，建立利益共享机制。例如，社区共同经营生态旅游项目，收益按照贡献和参与度分配。

（三）保护传承传统文化，加强生态环境基础设施建设，提升农村居民生态宜居水平

生态资源的合理开发与利用不仅是经济发展的重要动力，更是提升生活质量、保护生态环境的关键。通过激发传统文化潜力，提升生态宜居水平，提高生态治理能力，可以实现生态资源的多元综合溢出效益，推动贫困地区全面发展。一是保护与传承传统文化。在开发利用生态资源时，注重与当地传统文化相结合。例如，在生态旅游项目中融入地方传统节庆、

民俗活动和手工艺展示，既吸引游客，又传承和弘扬传统文化。二是文化与生态产业融合。利用传统文化资源，发展文化创意产业。例如，将传统技艺与现代设计相结合，制作具有地方特色的生态产品，增加其附加值和市场竞争力。三是改善贫困地区基础设施。加强生态环境基础设施建设，如绿色交通系统、清洁能源利用、污水处理和垃圾分类等，提高贫困地区居民的生活质量和环境舒适度。

三、适用范围

生态资源开发利用扶贫政策的适用与地区的发展基础、资源禀赋等条件密切相关。总体来说，生态资源开发利用扶贫政策适用于具有丰富山水林田湖草等自然资源要素的贫困地区、具有丰富森林景观、农田景观、水文景观等在内的自然景观资源和丰富的特色农业、传统人文优势的贫困地区，产业发展基础薄弱、贫困群众增收渠道狭窄的贫困地区。

（一）生态旅游产业扶贫政策

生态旅游产业扶贫政策适用于以下几个主要领域和区域。一是位于自然保护区的贫困地区。拥有国家公园、自然保护区、森林公园、湿地公园等资源的贫困地区，具有丰富的自然资源和独特的生态环境，是生态旅游产业发展的重点。二是生态环境良好、传统文化保留较为完整的贫困乡村。这类贫困乡村可以通过发展生态旅游带动乡村经济发展，改善农村基础设施，增加农民收入。三是拥有丰富历史文化遗址的贫困地区。这类地区通过自然景观与历史文化遗址相融合，形成生态旅游新业态，如古村落、古城镇等。四是位于特殊生态功能区的贫困地区。例如，海洋生态保护区、草原生态保护区、高原生态保护区等，通过特别的政策支持和管理措施，开发这类区域的生态旅游资源，发展生态旅游产业。

（二）光伏产业扶贫政策

光伏产业扶贫政策主要适用于以下几个主要领域和区域。一是太阳能资源丰富的地区。日照充足、光照条件良好的贫困地区光伏发电效率高，适合大规模光伏电站的建设。二是相对偏远的农村地区。偏远地区和离网地区电网覆盖不足，通过光伏发电可以有效解决用电问题，提高生活质量。三是农业设施丰富的地区。如农业大棚、渔光互补设施等，可以利用其结构安装光伏发电系统，兼顾农业生产和电力生产，提升土地利用效率。

（三）生态农业及其加工产业扶贫政策

生态农业及其加工产业扶贫政策主要适用于以下几个主要领域和区域。一是生态资源丰富地区。包括具有丰富的自然资源和生态优势的地区，如森林覆盖率高、水资源充足、土地肥沃的区域，这些地方适合发展生态农业。二是特色农产品产区。这些地区具有独特气候条件和地理优势，能够生产优质、特色农产品。发展生态农业可以提升产品附加值，拓宽市场销路。三是农村合作社和家庭农场。以农村合作社、家庭农场为主体，通过政策扶持，推动其向生态农业和农产品加工方向发展，带动区域经济发展。

四、实施过程

（一）生态旅游产业扶贫

1. 政策制定与规划

各地区根据生态旅游资源禀赋等制定具有针对性的生态旅游产业扶贫政策，包括明确的发展目标、重点支持的产业领域、资金和资源分配方案等。政策应注重生态保护与经济发展的平衡，确保可持续性。制定详细的生态旅游发展规划，包括旅游景区建设、市场推广策略等。规划要充分考虑当地的生态环境承载能力，避免过度开发。

2. 配套设施建设

改善贫困地区的交通和通信条件，包括修建道路、改善公共交通系统、增强网络覆盖等。建设必要的旅游配套设施，如游客中心、住宿设施、餐饮服务设施、环保设施等，提升旅游服务的质量和游客体验。

3. 鼓励农村贫困群众参与

鼓励和引导当地群众参与到生态旅游产业中来，如发展农家乐、手工艺品制作、导游服务等。同时，通过培训和教育，提高当地居民的旅游服务技能和环境保护意识，确保他们能够从旅游产业中受益。

4. 加强市场推广与品牌建设

制定和实施生态旅游市场推广策略，利用互联网和社交媒体平台进行宣传推广，吸引更多游客。可以通过举办生态旅游节庆活动、合作营销等方式，提升知名度。打造具有地方特色的生态旅游品牌，增强市场竞争力。

5. 监测评估

定期对生态旅游产业扶贫的实施效果进行监测和评估，包括游客流量、经济效益、环境影响、社区收益等，根据评估结果及时调整政策和措施，优化发展路径。

（二）光伏产业扶贫

1. 明确光伏电站发展条件

根据农村贫困地区的日照条件和土地资源，对光伏电站的选址进行科学评估。选址应尽量避免对耕地和生态环境的破坏，优先利用荒地、荒山、屋顶等资源。在选址确定后，进行光伏电站的详细设计，包括光伏组件的选型、发电规模、并网方式、施工方案等。设计过程中应综合考虑当地气候条件、地形地貌、电网接入条件等因素，确保项目的技术和经济可行性。

2. 建立运营管理和收益分配机制

项目建成后，需要建立专业的运营管理机制，可以由专业的光伏公司或合作社负责运营管理。管理内容包括电站的日常维护、故障排查、电力销售等。制定合理的收益分配机制，将光伏电站的发电收入按照一定比例分配给参与的贫困户、村集体和项目运营方，确保贫困人口从中受益，实现持续稳定增收。

3. 促进光伏产业发展的保障支持

制定光伏产业扶贫的具体政策，包括补贴机制、税收优惠、融资支持、技术援助等内容，政策应明确目标和实施路径，确保能真正惠及贫困人口。

（三）生态农业及其加工产业扶贫

1. 制定总体政策和规划

制定生态农业及其加工产业的扶贫政策，包括财政支持、技术培训、市场推广等方面的措施。政策应明确目标和实施路径，确保生态农业的发展既能保护环境，又能带动经济增长。制定生态农业发展规划，明确发展重点、项目布局、产业链建设、资源配置等内容。

2. 技术培训与推广

为贫困地区的农民提供生态农业技术培训，包括有机种植、病虫害防治、土壤改良等方面的知识。培训可以通过农业专家下乡、示范基地教学等方式进行，提高农民的技术水平和生产能力。通过示范项目、技术推广站等形式，将先进的生态农业技术和模式推广到农村，推动农民采用环保的生产方式，减少化肥、农药的使用，改善农业生产的生态环境。

3. 加强基础设施建设

改善农业基础设施，包括灌溉系统、农田水利设施、农机具配套等。通过改善基础设施，提高农业生产效率，增强抗灾能力。建设农产品加工设施，如粮油加工厂、果蔬保鲜加工厂、畜产品加工厂等。

4. 强化市场开拓

通过电商平台、展销会、农超对接等渠道，将生态农产品推广到更广阔的市场。同时，制定市场推广策略，利用社交媒体、广告等手段提升产品知名度，吸引消费者。

5. 加强经验推广

将成功的生态农业及其加工产业扶贫模式推广到其他贫困地区，扩大政策的覆盖面。通过总结经验，形成可复制、可推广的模式，帮助更多贫困人口脱贫增收。

五、实施效果及注意事项

（一）实施效果

1. 经济效益

夯实产业发展基础，助力贫困人口脱贫增收，助力"三区三州"等深度贫困地区脱贫。2012 年以来，中国通过推进生态补偿扶贫、国土绿化扶贫、生态产业扶贫，全面完成了生态扶贫各项目标任务，助力 2 000 多万贫困人口脱贫增收①。其中，旅游产业扶贫是生态资源开发利用扶贫最有力的抓手。根据文化和旅游部在 25 个省（自治区、直辖市）设立的乡村旅游扶贫监测点的监测数据，通过乡村旅游实现脱贫的人数占脱贫总人

---

① 资料来源：中华人民共和国中央人民政府网站，https://www.gov.cn/xinwen/2021 - 02/21/content _ 5588030. htm。

数的比例十分可观。比如，2019 年监测点通过乡村旅游实现脱贫的人数占脱贫总人数的 33.3%，监测点乡村旅游对贫困人口的就业贡献度达 30.6%，监测点旅游总收入和接待人次增长幅度持续高于全国乡村旅游整体数据。光伏扶贫是生态资源开发利用扶贫的重要支撑，是在别的扶贫措施解决不好、解决不了的时候实施的，是多级保障。截止到 2019 年底，中国光伏扶贫建设任务已经全面完成，累计建成光伏扶贫电站规模 2 636 万千瓦，惠及 415 万户，大概每年可产生发电收益 180 亿元[①]。在"三区三州"等深度贫困地区，政府重点加强了合作造林模式推广，把贫困户吸引进来，参与荒山绿化、防沙治沙、公益林管护等工作，让贫困群众通过参与家乡的生态保护修复，增加收入。如云南怒江傈僳族自治州建档立卡贫困人口通过退耕还林恢复生态后在林下发展草果业，老百姓通过在林下种植草果增加了收入，实现了脱贫致富。

2. 生态效益

夯实贫困地区生态基础，保护生物多样性，提升山水林田湖草综合治理水平。一是推广有机农业和生态农业，减少化肥和农药的使用，保护土壤和水源，提升农产品附加值。二是通过植树造林和森林保护，提高林产品经济价值，同时起到生态屏障作用。根据国家林业和草原局的数据，截至 2021 年底，中国森林覆盖率达到了 23.04%，较 2000 年的 16.55% 有显著提升。三是实施土地整治和土壤修复工程，防止水土流失，提高土地生产力。根据国家林业和草原局的统计，2016—2020 年，中国沙化土地面积年均减少 2 424 平方公里，有效遏制了荒漠化的扩展，改善了生态环境，保护了农牧民的生计。四是通过保护和恢复生态系统，维护生物多样性，促进生态平衡，全国已建立了 2 750 多个自然保护区，总面积达 149 万平方公里，占国土面积的 15% 左右。这些保护区有效保护了大批珍稀

---

① 资料来源：国家能源局网站，https://www.nea.gov.cn/2020-10/30/c_139478911.htm。

动植物，为全球生物多样性保护做出了重要贡献。五是促进不同生态要素之间的良性互动，增强生态系统的稳定性和韧性。六是引进和推广先进的生态保护和治理技术，提高治理效果和效率。

3. 溢出效益

乡村环境更加生态宜居，"家门口就业"的方式为留住乡愁、解决农村空心化问题提供了便捷途径。生态资源开发利用扶贫政策通过植树造林、退耕还林还草和水土保持工程的实施，增加了乡村绿地面积，改善了空气质量，提升了水源涵养能力，增强了生态系统的稳定性。"十三五"以来，生态环境部累计安排中央农村生态环境综合整治资金258亿元，支持加强农村生活污水治理，完成了13.6万个建制村的农村环境综合整治。其中，覆盖了284个国家级贫困县的2.46万个建制村，有效提升了贫困地区生态宜居水平。生态农业、生态旅游、林业经济、绿色产业的发展，增加了劳动密集型产业的就业机会，创造了大量服务业岗位，减少了农村劳动力外流，保留了乡村的人口和劳动力资源，促进了农村经济的可持续发展。

（二）注意事项

1. 注意防范市场风险

生态产业的产品往往面临市场需求波动的风险。例如，生态农业产品在市场上的竞争力可能不如大规模生产的常规农产品，同时，由于市场信息不对称，贫困地区的农产品销售渠道不畅，产销不对称和产品滞销的风险增加。

2. 注意提升生态产业项目管理和组织效能

生态产业扶贫需要有效的组织和管理机制，涉及多方利益的协调。但是，农村贫困地区往往存在基层组织薄弱、管理能力不足的问题，使产业扶贫项目难以有效落实，导致资源浪费和扶贫效果不佳。

3. 注意长期性和可持续性

生态产业的效益往往需要较长时间才能显现，这与短期的脱贫目标存在一定矛盾。此外，如果不注意生态保护和资源的可持续利用，可能会在短期内取得经济效益的同时，造成长期的生态环境破坏，反而加剧贫困问题。

六、典型案例

（一）扶贫造林专业合作社助力脱贫①

山西省吕梁山区围绕黄河流域、黄土高原生态保护，依托退耕还林等国家重点生态建设项目，推行扶贫造林专业合作社脱贫模式。

主要做法：创新组织形式，组建党支部牵头的扶贫造林专业合作社；创新工程运作方式，变"招标制"为"议标制"，将造林任务集中打包给合作社；创新带贫益贫机制，规定合作社建档立卡贫困人口须占比60％以上，贫困社员的劳务收入须占合作社劳务收入的60％以上；创新结果验收方式，变"过程管理"为"结果购买"，把造林成果的好坏与造林者的切实利益直接挂钩；创新融资模式，在巩固拓展脱贫成果期探索林业生态扶贫PPP融资模式。实现变"要我造林"为"我要造林"，变"毁林员"为"护林员"，保障了林木成活率，解决了生态产品的有效供给问题，探索出一条在"荒山石山"变为"绿水青山"过程中生态与生计协同互促的好路子。

（二）"塞罕坝精神"孕育出的围场经验②

河北省围场满族蒙古族自治县立足首都圈风沙源和水源保护地的定

---

① 案例来源：山西日报，http：//www.shanxi.gov.cn/ztjj/jhsxgs/sxms/202101/t20210115_6032712.shtml。

② 案例来源：全国精准扶贫典型案例，https：//tzb.nujiang.cn/2021/0615/937.html。

位，发扬"牢记使命、艰苦创业、绿色发展"的塞罕坝精神，在推进荒原变林海的过程中实现脱贫。

主要做法：一是遵循"谁开发谁保护、谁受益谁补偿"的原则，建立与北京、天津的跨区域横向生态补偿机制，在有效实现防风固沙、涵养水源的重要生态功能的基础上，增加贫困户收入，解决生态产品价值实现过程中生态资源外部性问题。二是依据当地土壤和气候条件，探索发展生物多样性保护与减贫成效双向促进的生态产业项目，形成生物多样性稳步提升的良好局面。三是采用"龙头企业＋基地＋贫困户"等方式，带动贫困人口通过股份合作、订单合作、劳务合作、山场流转等多种利益联结机制，实现"一企连三产、一林生四财、一地生四金"。

（三）光伏产业铺展脱贫画卷①

河北省张北县充分考虑地理区位、自然资源禀赋、整体发展战略等因素，以光伏产业铺展脱贫画卷，将光伏产业作为脱贫攻坚的重要抓手。

主要做法：一是探索政企合作。经过当地政府部门和驻县多家新能源企业的一系列探索和开创性工作，张北共建成光伏扶贫电站181座（其中村级电站174座，地面集中式光伏扶贫电站4座，政府参股或捐赠股权商业电站3座）。二是创新资产收益分配机制。光伏电站收益以"公益岗位＋特困救助＋村集体事业"相结合的方式分配，覆盖所有建档立卡贫困户，有力支撑了张北的脱贫攻坚工作。三是探索形成"产权清晰、权责明确、运维高效、分配精准、监管到位"的资产收益扶贫模式，统筹村级光伏扶贫电站、地面集中式光伏扶贫电站、政府参股电站、企业捐赠扶贫项目收益，探索推行了"三个一"（一个平台监管、一家企业运维、一种模

---

① 案例来源：《中国发展观察》杂志社调研组，https：//xueshu.baidu.com/usercenter/paper/show? paperid＝10260gr04f4706q0w6310gx07j274252&site＝xueshu_se。

式分配）举措，促进光伏扶贫管理机制不断完善。

（四）"扶贫车间"成为百姓致富"梦工厂"[①]

宁夏回族自治区泾源县把发展旅游产业作为全县脱贫攻坚的主导产业之一，通过政策驱动、项目带动、全域联动，全力以赴推动旅游产业发展。结合扶贫车间投资小，厂房设备、技术含量和年龄要求不高，工作时间宽松、适应面广等特点，率先在发展优势明显的羊槽村建起旅游扶贫车间。

主要做法：一是建设手工作坊，帮扶一个家庭。村"两委"和村妇联广泛动员全村留守妇女积极参与，采取"订单式"加工销售模式，生产加工刺绣等特色民俗商品。二是夜校培训指导，送来一技之长。充分利用村党支部和村文化活动室建设农民夜校，以沙画、刺绣等旅游商品制作技能培训为重点，聘请有关专家在羊槽村举办"农民夜校"培训班。三是建设扶贫车间，打造一个基地。在旅游产业发展过程中，村委会认识到抱团发展的重要性，通过采用"村党支部＋合作社＋龙头企业"的发展模式，成立了胭脂峡旅游商品专业合作社。引进了宁夏蓝孔雀旅游商品研发中心，通过整合村活动室和畜牧改良点建设旅游扶贫车间，打造以布艺加工为主的沙画、刺绣、串珠、绳编等旅游商品制作基地。

---

① 案例来源：中华人民共和国国家发展和改革委员会，https://www.ndrc.gov.cn/xwdt/ztzl/qgxcly/202004/t20200423_1301917_ext.html。

◎ 第六章 通过提供生态保护开发岗位解决贫困人口就业问题

一、提供生态保护开发岗位实现就业扶贫的内涵

提供生态保护开发岗位实现就业扶贫是结合退耕还林、退牧还草、天然林资源保护、三北防护林体系建设及生态综合治理等重点生态工程和日常生态保护工作，挖掘生态建设与保护的就业岗位，让有劳动能力的贫困人口参与到生态工程建设中或就地转成护林员、管护员等生态保护人员，为生态保护区的农牧民特别是建档立卡贫困人口提供就业机会，引导贫困农牧民向生态工人转变，提高贫困人口收入水平。具体来说，提供生态保护开发岗位实现就业扶贫的方式有两种：公益性岗位和以工代赈扶贫。

公益性岗位主要是指在贫困地区特别是贫困村庄，设置一批环境清洁、林草看护、垃圾转运、事务管理等公益性岗位，让有劳动能力特别是不方便外出打工的贫困户任职，运用政府（社区）购买服务的理念和方式予以现金或实物补贴，一方面实现贫困人口的就业和增收，另一方面增加当地村庄的公共服务供给。生态扶贫方面的公益性岗位主要是指参加生态环境保护相关的岗位，这类岗位在中国公益性岗位扶贫实践中实施最广泛、成效最显著。生态扶贫的公益性岗位类型丰富，主要包括：生态护林岗位，如重点生态公益林护林员、新增造林护林岗位等；特殊生态管护岗位，如草原湿地生态管护员、沙化土地封禁保护管护员等；水生态保护岗位，如水资源管护员、水土保持监督员、河道管护员等；农村生态环境保

护岗位，如农村公路养护岗位、旅游厕所保洁员岗位、村级环境监督员岗位等。这些岗位要在建档立卡贫困人口范围内选聘，由中央对地方专项转移支付资金支持购买劳务。

以工代赈，是指政府投资建设基础设施工程，贫困人口参加工程建设，获得劳务报酬，直接增加收入。其中生态扶贫方面的以工代赈是指贫困人口参与政府安排的生态保护工程项目，增加工资性收入，实现家庭脱贫和生态环境保护双赢目标。

二、解决的主要问题

提供生态保护开发岗位实现就业扶贫是从改变贫困地区的生态环境入手，利用可持续发展理念，改善或修复生态功能、加强基础设施建设、实施生态建设项目，改变贫困地区的生产生活环境，通过让贫困人口以参与就业的方式获取劳动报酬，从时间和空间上通盘考虑贫困人口的就业和收入因素，根本上解决他们的贫困问题，从而使贫困地区实现可持续发展。

因此，通过提供生态保护开发岗位实现就业扶贫，可以解决两个方面的主要问题。一是提升贫困人口的劳务收入，实现脱贫致富。同时，有效将扶贫与扶志相结合，引导贫困人口依靠勤劳双手和顽强意志摆脱贫困、改变命运，激发贫困人口脱贫的内生动力。二是改善贫困地区的生态环境，提升地方绿色发展能力和水平，促进可持续发展，建立减贫与生态保护长效协同机制，促进贫困人口树立正确的生态价值观。

三、适用范围

提供生态保护开发岗位实现就业扶贫适用范围一般是既有贫困劳动力又有生态环境问题的地区，既可以推动贫困地区绿色发展，加快解决当地突出环境问题，巩固生态资源优势，又可以实现脱贫致富。

这类安置对象主要为有就业意愿但"无法离乡、无业可扶、无力脱贫"的贫困劳动力，优先安置弱（半）劳动能力人员。因年龄、身体、健康等原因不适合公益性岗位的贫困劳动力，不安排岗位。对已经实现稳定就业且收入超过脱贫标准、无返贫风险的贫困劳动力，原则上也不安排岗位。

四、实施过程

（一）设计顶层制度和实施方案

公益性岗位方面，国家层面开展生态公益性岗位长期规划，统筹考虑各部门的生态管护需求，明确阶段性目标和任务，推进形成生态公益性岗位政策制定和管理的协同机制，构建形成稳定持续长效的管理和保障机制，切实发挥公益性岗位在生态环境保护和生态扶贫中的长期作用。2016年，国家林业局会同财政部、国务院扶贫办开展了选聘建档立卡贫困人口担任生态护林员的扶贫工作，每年安排定向财政资金支持。2018年1月，《生态扶贫工作方案》出台，以中西部22个省（自治区、直辖市）为重点，落实生态护林员资金35亿元，选聘建档立卡贫困人口生态护林员50多万名。按照《生态扶贫工作方案》要求，2019年新增选聘20万名生态护林员、10万名草管员。

以工代赈方面，中国坚持项目资金优先保障深度贫困地区，年度任务优先向深度贫困地区倾斜，实施了很多生态保护和修复工程。2016年以来，在中西部22个省份实施了退耕还林还草、退牧还草、京津风沙源治理、天然林保护、"三北"防护林建设、水土保持、石漠化综合治理、沙化土地封禁保护区建设、湿地保护与恢复、农牧交错带已垦草原综合治理、青海三江源生态保护和建设等重大生态工程，中央层面共安排贫困地区林草资金 2 000 多亿元。

（二）因地制宜明确岗位需求

公益性岗位方面，明确生态优先兼顾扶贫的基本原则，岗位设置面向生态环境保护工作实际需求进行科学设置。由于不同地区生态容易遭受破坏的程度和管护的难度存在很大差别，各地区要在国家总体规划的基础上，因地制宜结合管护面积、任务、难度等因素综合确定岗位需求。乡镇、行政村（社区）开发的公益性岗位，应经乡镇党委或政府会议、村委（社区居委）会议等程序研究、确定，及时公布岗位信息（岗位名称、岗位数量、薪酬待遇、工作内容、工作时长、工作地点、管理考核等）。人社、扶贫、交通运输、林业等部门开发的公益性岗位，应按规定确定岗位开发的数量、招聘程序等，发布招聘公告（岗位名称、岗位数量、薪酬待遇、工作内容、工作时长、工作地点、招用条件、管理考核等），指导乡镇、行政村（社区）结合实际规范开展人员上岗条件审查、人岗匹配和拟聘用人员公示等工作，接受社会监督。临时性、季节性公益性岗位的开发选聘，原则上一事一议、一岗一定。

以工代赈的岗位开发类同公益性岗位，即根据生态项目工程的具体需要，科学确定施工、管护等具体岗位，并公开向社会招聘。

（三）选聘就业扶贫对象

乡镇、行政村（社区）和人社、扶贫、交通运输、林业等部门，以及项目工程方按照职责权限，明确各自开发的公益性岗位和以工代赈岗位的工作职责、管理制度和考核办法。有就业意愿但无就业机会的贫困劳动力参与竞聘，用人单位综合考虑岗位适配性和优先帮扶更贫困等因素，确定受聘人员。

聘用上岗时，应签订务工协议或劳动合同，明确工作性质、工作内容、工作时长、工作地点、薪酬待遇（或补贴标准）、管理考核等内容。县级政府及人社、扶贫等部门应统筹各类岗位待遇水平，充分考虑岗位职责、劳动时间、劳动强度等因素，合理确定岗位的务工报酬或岗位补贴标准，既要纠正不同岗位、不同工作量的务工报酬或岗位补贴标准完全相同的做法，也要避免差异过大引发攀比。

（四）规范岗位管理评估

对于公益性岗位或以工代赈岗位的开发单位或部门，一般坚持"谁使用、谁管理、谁负责"的原则，规范公益性岗位的日常管理。结合工作任务、工作性质、岗位特点等实际，落实岗位考勤制度，作为发放务工报酬或岗位补贴的重要依据。

建立岗位退出机制，对不能胜任岗位要求、不能坚持正常工作、不服从日常管理等情况的贫困劳动力，应及时解聘并停发务工报酬或岗位补贴，可通过其他渠道增加其收入。定期开展考核评价，强化资金监管，杜绝优亲厚友、轮流上岗、冒名顶岗等现象，及时纠正补贴资金"一发了之"、变相发钱等行为。人员发生调整变动的，乡镇、行政村（社区）应及时报送更新信息。适时开展公益性岗位政策评估调研，及时完善相关政策。

（五）保障资金来源

公益性岗位补助标准高于脱贫标准。根据《关于开展 2018 年度建档立卡贫困人口生态护林员选聘工作的通知》，每个生态护林员劳务补助标准按照年均 1 万元测算，各地可以结合本地实际情况统筹考虑上一年度选聘的生态护林员管护补助标准、管护面积、管护难度和现有生态护林员劳务补助水平等因素，确定具体补助标准。云南、安徽等地生态护林员补助标准为每人每年 8 000～10 000 元。以工代赈岗位的工资标准则根据实际劳动情况支付。

为此，还要健全公益性岗位的资金来源渠道，建立稳定可靠的资金增长保障机制。将公益性岗位和以工代赈岗位设置纳入国家相关重大战略的专项资金支持，建立根据生态管护效果完善中央资金支持的动态评估调整机制。2016—2019 年，生态护林员补助资金方面，中国已累计安排中央财政资金 140 亿元、省级财政资金 27 亿元，2020 年生态护林员补助资金新增 5 亿元，年度资金规模达 65 亿元。地方可根据公益性岗位的工作职责对相关职能资金来源进行整合，针对公益性岗位和以工代赈岗位人员的绩效补助，地方也可从中央、省各类转移支付及市县相关配套等资金中进行统筹解决，也可探索社会资本参与的有效渠道。

五、实施效果及注意事项

（一）实施效果

公益性岗位扶贫方面，以生态护林员为代表，党的十八大以来，各地林草部门严格执行生态护林员选聘工作机制，确保将符合条件的贫困人口选聘为生态护林员，并根据实际情况及时更新补充。中西部 22 个省（自治区、直辖市）共选聘 110.2 万名生态护林员，人均收入 8 000 元左右，使 100 多万个家庭获得了稳定就业机会，共惠及 300 多万贫困人口。

以工代赈方面，优先吸纳更多的贫困人口参与生态工程建设获取劳务报酬，增加贫困人口收入。2016 年以来，新组建 2.1 万个生态扶贫专业合作社，吸纳 120 万贫困人口参与生态保护工程建设。

通过公益性岗位和以工代赈，生态就业扶贫实现了多元目标。

1. 促进贫困人口树立生态价值观

有很多贫困地区同时也是国家重点生态功能区，广泛开展的就业扶贫实践，从源头处着力培育人与自然和谐共生的发展理念，让贫困人口"留得青山在，不怕没柴烧"的朴素生态观转变为"绿水青山就是金山银山"的发展新思路，深化了绿色发展理念，逐渐实现了从"以开发为主"向"以保护为主"转变，贫困人口保护生态环境的意识在不断增强，贫困地区的生产生活环境也逐渐改善，在维护生态环境的同时实现了产业和社会的可持续发展。

2. 激发贫困人口脱贫的内生动力

扶贫脱贫注重"志智双扶"，重视激发贫困地区贫困人口自力更生、艰苦奋斗的内生动力。就业扶贫措施避免了贫困人口的"救助依赖"和边缘贫困人口的"心理失衡"，有效激发贫困人口脱贫的内生动力。贫困人口参与公益性岗位和参与生态保护工程建设，通过劳动换取福利，获得了社会的认同，增强了幸福感、获得感。

3. 稳步增加贫困人口的绿色收入

有劳动能力的贫困人口积极参与到生态保护与建设中，通过生态补偿政策增加转移性收入，通过公益性岗位获得工资性收入，通过生态工程建设获取劳务报酬。生态就业扶贫将贫困人口转变为生态工人，贫困人口的收入从多个方面显著增加，收入水平逐步提高。

4. 显著改善了贫困地区生态环境

在维护生态中发展，在发展中保护生态，就业扶贫改变了贫困地区的生产生活环境，使贫困地区在维护生态环境的同时实现了产业和社会的可持续发展。无论是公益性岗位，还是贫困人口参与生态保护性工程建设，都提升了生态系统服务的供给水平，显著改善区域生态环境。

5. 有效推动贫困地区建立减贫与生态保护长效协同机制

通过不断摸索，就业扶贫进一步加快了贫困地区生态富民、贫困人口增收脱贫摘帽进程，切实解决了贫困人口的生存和发展问题，显著改善和提高了贫困群众的生活水平，为打赢脱贫攻坚战发挥了重要的作用，为子孙后代留下可持续发展的"绿色银行"。

（二）注意事项

1. 因地制宜科学设置公益性岗位和以工代赈岗位

各地要根据实际情况，将山水林田湖草等生态要素管护进行优化整合，实现山水林田湖草一体化管理。在具体岗位设置方面，积极开发如生态资源管护、环境基础设施维护等有利于当地脱贫攻坚的工作岗位。一方面，避免盲目通过设置公益性岗位实现快速脱贫但脱贫效果不稳定、不持续的问题，以免造成人员和资金的双重浪费。另一方面，实现因事设岗而非因人设岗，避免公益性岗位设置区域不均衡、管护任务不均等带来新的矛盾。

2. 完善公益性岗位和以工代赈岗位的选聘、培训、考核、监管和评估的长效管理机制

要实行岗位动态管理机制，将管护岗位人员设置与管护面积、管护效果相挂钩，提升生态管护和精准脱贫成效。适时开展提供生态保护开发岗位实现就业扶贫的政策评估调研，及时完善相关政策。

3. 要确保稳定可持续的资金保障

在中央专项资金的基础上，地方要根据自身情况进行统筹，同时探索社会资本参与，为生态管护人员和务工人员提供巡护、交通、监测等设备配套支持。

六、典型案例

（一）生态护林员实现家门口就业[①]

中国林业草业施业区、生态重要区域和脆弱区域、深度贫困地区高度

---

① 案例来源：光明网，https://m.gmw.cn/baijia/2021-03/31/34728216.html。

耦合，既是脱贫攻坚的主战场，也是林草建设的主阵地。中国累计从建档立卡贫困人口中选聘了110.2万名生态护林员，带动300多万贫困人口增收脱贫，新增林草资源管护面积近9亿亩，实现了生态保护和脱贫增收双赢。

云南贡山独龙族怒族自治县的李玉花是一名生态护林员，日常工作是巡山护林，每个月有800元的补助，还不耽误发展林下经济和照顾家里。护林之余，李玉花种草果、中药材，养蜜蜂，2020年收入超过10万元。在贡山县，4000余名生态护林员像李玉花一样，实现了家门口就业、山上脱贫，全县571万多亩森林全面纳入了管护。

为了护好青山，江西省上犹县设立了县乡村组四级网格化林长体系，选聘了532名护林员，实现了森林资源管护全覆盖。每个护林员一年有1万元收入，工作之余还能照顾家里。2020年4月，一位老农在烧田埂时引发山火，护林员刘宗槐第一时间组织人员赶到失火一线，及时扑灭了山火，把损失降到了最低。

（二）生态管护员守护长江源头生态①

2004年，中国启动了三江源生态保护和建设工程，地处长江源头的唐古拉山镇是三江源保护区的核心区域，该镇平均海拔4700米，是世界海拔最高的乡镇。但从20世纪80年代后期到90年代，三江源生态恶化明显，草场退化、土地沙化、鼠害成灾等现象导致很多牧民的牲畜越来越少。为阻止世世代代生活的草原继续恶化，长江源唐古拉山镇128户407名牧民陆续搬迁至400千米以外的格尔木市南郊移民定居点，当地政府在这里为他们盖好了房屋和学校，形成了今日的长江源村。

---

① 案例来源：青海日报，https：//baijiahao.baidu.com/s？id＝18010680857910954184.wfr＝spider&.for＝pc。

青海省将林草生态资源管护同生态公益岗位开发紧密结合，在全省符合条件的贫困户中选聘了 4.99 万名生态管护员，年人均增收近 2 万元，实现了"一人就业、全家脱贫"。其中，长江源村 194 名草原生态管护员、33 名湿地生态管护员积极落实禁牧任务，全面覆盖 501.1 万亩禁牧区域，不断加强对禁牧草原和野生动物的巡护和保护。扎西才仁是青海格尔木市长江源村的一名生态管护员，平时除了查看桑吉草原的状况，还检查牛羊是否超载，守护好长江源头的生态。近年来，偷牧的越来越少、草场越来越干净，三江源头生态环境实现巨大改善，生态管护员们功不可没。

（三）造林绿化工程以工代赈助力脱贫①

2018 年以来，中国有三分之二以上的造林绿化任务安排到贫困地区，优先安排建档立卡贫困人口参与造林绿化。全国共组建扶贫造林（种草）专业合作社（队）2.3 万个，吸纳 160 多万贫困人口参与生态工程建设，年人均增收 3 000 多元。山西省吕梁市把生态治理与脱贫攻坚相结合，将造林任务打包给合作社，吸纳贫困人口入社参与劳动，1 398 个扶贫造林合作社累计带动 14 万人脱贫，2016 年以来全市森林覆盖率以每年 1 个百分点的速度递增，降水量年均增加 81.8 毫米。

因为父母患病，山西省吕梁市岚县东口子村脱贫户闫凤明不能外出务工，这几年跟着村里的"森生财"扶贫攻坚造林专业合作社参与造林绿化工程，每年挖坑、种树能挣 2 万多元，全家顺利脱了贫。

（四）荒漠化防治工程以工代赈实现生态保护和脱贫增收双赢②

中国重点生态工程项目向中西部 22 个省（自治区、直辖市）倾斜，

---

① 案例来源：新华网，https：//baijiahao.baidu.com/s? id=1692259006996990555 &.wfr=spider &.for=pc。

② 案例来源：中国绿色时报，https：//baijiahao.baidu.com/s? id=1683840282892338959 &.wfr=spider &.for=pc。

带动一批批贫困群众增收。其中荒漠化防治工程与扶贫紧密结合，在荒漠化严重的地区走出了一条生态改善、群众增收的可持续发展路径。

在内蒙古通辽市的科尔沁沙地腹地，科尔沁左翼后旗努古斯台嘎查脱贫户春梅家的院子周边，樟子松、五角枫、杨树已成林。每年政府组织造林种草时，春梅和丈夫就一起去干活，她种树浇水每天挣 100 元，丈夫开拖拉机整地、挖树坑一天能挣 400 元。沙地绿了，草场好了，养牛多了，日子眼看着越过越好，2020 年春梅全家收入约 10 万元。

◎ 第七章　通过生态补偿解决贫困地区 "要生态还是要生存" 的问题

一、针对贫困地区贫困人口的生态补偿的内涵

生态补偿扶贫指以保护和可持续利用生态系统服务为目的,通过经济补偿等手段来调节相关利益关系的生态扶贫方式。生态补偿是全世界范围内应用最为广泛的政府主导型生态扶贫方式,也是一种利用现金支付或其他补偿来鼓励生态系统保护和恢复的环境管理方法。

在实施原则上,生态补偿坚持谁受益谁补偿、稳中求进的原则,加强顶层设计,创新体制机制,实现生态保护者和受益者良性互动,让生态保护者得到实实在在的利益。

二、解决的主要问题

生态补偿主要包括"为什么补""补偿对象是谁""补偿内容包括什么""补偿标准是什么"等问题。

(一) 为什么要补偿?

主要是为了整体生态环境与自然资源的可持续发展,贫困地区以有限的产业选择等方式,让渡了部分发展路径的选择权及基于权利而获得的经济收益,故国家或者生态受益地区对这种损失给予资金、政策等补偿。

（二）补偿对象是谁？

生态补偿的对象是因保护生态系统功能或维持资源存量而经济利益受损的地区的贫困人口。

（三）补偿内容包括什么？

生态补偿的方式包括现金及实物补偿、产业补偿及提供就业岗位、发放固定工资等。

（1）根据补偿的具体支付方法，可将生态补偿的方式分为：货币补偿，如补偿金、奖励金、补贴、税收减免或退税、贴息、加速折旧等；实物补偿，如给予受偿主体一定的物质产品、土地使用权以改善其生活条件，增强其生产能力（生态移民补偿是典型）；智力补偿，即给予受偿主体生产技术或经营管理方面的咨询服务，增强其生产经营能力；政策补偿，即给予受偿者优惠政策；项目补偿，即给予受偿者特定生态工程或项目的建设权。

（2）按照补偿基金的来源，可将生态补偿的方式分为：自组织的私人交易；开放的市场贸易，典型的是碳汇交易；生态认证或生态标识，即消费者在购买商品时以高于普通商品的价格来购买经认证的生态友好型产品，这实际上相当于给生产者所提供的生态服务付了费；直接的公共财政支付，如对财产权人进行土地保护、水土保持、生物资源保护等的行为直接给予资金补助。

（四）补偿标准是什么？

生态补偿主要应当补偿两部分，即生态服务功能的价值与环境治理和生态恢复的物化成本。这些价值和成本一般通过协商法和核算法来确定。

三、适用范围

适用于陷入"资源魔咒"的贫困地区，具体包括两种类型的生态补偿区：

（1）资源开发过度，生态环境脆弱，生态足迹超过了生态承载力，出现了严重的生态安全问题；

（2）生产力不发达，贫困人口多，人口再生产超越生态再生产速度，陷入经济增长无力与环境破坏严重的恶性循环之中。

四、实施过程

（一）建立重点生态功能区转移支付制度

增加重点生态功能区转移支付，中央财政加大对国家重点生态功能区中的贫困县，特别是"三区三州"等深度贫困地区的转移支付力度，扩大政策实施范围，完善补助办法，逐步加大对重点生态功能区生态保护与恢复的支持力度。

（二）完善森林生态效益补偿基金

中国的森林生态效益补偿基金从 2004 年开始实施，一直延续至今，是指各级政府依法设立的用于公益林营造、抚育、保护和管理的资金，重点用于公益林的保护和管理，补偿范围是国家级公益林。

（三）实施草原生态保护补助奖励政策

中国的草原生态保护补助奖励政策从 2011 年开始实施，一直延续至今，是中国实施范围最广、投资规模最大、覆盖面最广、农牧民受益最多的一项草原生态保护政策。该政策以五年为一个补偿周期，第一个补偿周期为 2011—2015 年，第二个补偿周期为 2016—2020 年。草原生态保护补助奖励政策的主要政策措施是禁牧和草畜平衡。

（四）开展生态综合补偿试点

以国家重点生态功能区中的贫困县为主体，整合转移支付、横向补偿和市场化补偿等渠道资金，结合当地实际建立生态综合补偿制度，健全有效的监测评估考核体系，把生态补偿资金支付与生态保护成效紧密结合起来，让贫困地区农牧民在参与生态保护中获得应有的补偿。

五、实施效果及注意事项

（一）实施效果

1. 生态功能区转移支付逐年增加

从重点生态功能区转移支付制度来看，自 2008 年开始实施之后，该制度不断完善成熟，支付金额逐年增加，补偿内容不断丰富。支付金额从 2008 年的 80 亿元增长到 2019 年的 811 亿元，11 年增长了 9 倍多，年均增长 23.4%。

2. 生态资源补偿资金投入逐渐增加

从森林生态效益补偿基金制度来看，中央和地方政府不断完善森林生态效益补偿补助机制，健全各级财政森林生态效益补偿补助标准动态调整机制。从草原生态保护补助奖励政策来看，自 2011 年实施草原生态保护补助奖励政策以来，中央财政资金累计投入 1 514.1 亿元，实施草原禁牧面积 12.06 亿亩、草畜平衡面积 26.05 亿亩，受益牧民达 1 200 多万户。

（二）注意事项

生态补偿要注意以下几个核心内容。

1. 明确补偿主体

"谁开发、谁保护，谁破坏、谁恢复，谁受益、谁补偿，谁污染、谁付费"中的"谁"，可以是国家、地方政府、企业和个人，有时还可能涉及多个主体，情形比较复杂，应因事制宜，明确特定的补偿责任主体，多个主体则应量化责任。

2. 落实受益主体

"谁受损、谁受益"，应落实受益主体，有多个受损主体的，应量化其利益；有多个受损方面的，应全面覆盖受损的各个方面，避免出现补偿利益虚化、未补偿到真正受损者的问题。

3. 补偿标准体系化

生态环境受损后的影响是多方面的，影响的利益主体是多元的。补偿是一个简单的经济总量，且一般按"人头"分配，掩盖了受损主体的差异性。补偿标准应按社会、经济、生态分类，细化为一个指标体系，再按差异性补偿给当地政府、企业和个人等主体，并规定用于社会重建、经济发展和生态修复。

4. 补偿模式多样化

现行的补偿模式以政府财政转移支付为主，辅以一次性补偿、对口支援、专项资金资助和税赋减免等。应坚持多样化模式，同时避免模式选择的随意性、补偿金额的随意性。应制定实施细则，规范补偿模式的选择和实施。

5. 确保补偿用于生态修复

生态补偿大多用于生活、安置、迁移、生产等刚性需求，真正用于生态修复、生态保护的很少。生态补偿制度安排中应有量化的刚性要求，使一部分补偿直接用于修复生态。同时，还应有使用的有效监督制度。

六、典型案例

（一）新安江流域建立跨省流域生态保护补偿机制，成本共担利益共享①

习近平总书记强调指出，千岛湖是中国极为难得的优质水资源，加强千岛湖水资源保护意义重大，浙江、安徽两省要着眼大局，从源头控制污染，走互利共赢之路。这为保护新安江指明了方向，提供了遵循。新安江流域情牵皖浙两省，是黄山和杭州两地人民共同的母亲河。省界断面多年平均出境水量占千岛湖年均入湖总水量的 60％以上，新安江水质的优劣很大程度决定了千岛湖的水质好坏，关乎长三角生态安全。

新安江流域生态保护补偿自 2011 年启动实施，成为中国首个跨省流域生态保护补偿试点。截至目前，新安江流域生态保护补偿试点已经实施了三轮，共安排补偿资金 52.1 亿元，其中，中央出资 20.5 亿元，浙江出资 15 亿元，安徽出资 16.6 亿元。通过试点，新安江流域水质逐年改善，千岛湖营养状态指数呈下降趋势，达到了以生态保护补偿为纽带，促进流域上下游共同保护和协同发展的目的，探索出了一条生态保护、互利共赢之路。

一是皖浙两省通力合作，补偿制度不断优化完善。在新安江流域生态保护补偿机制酝酿实施的过程中，皖浙两省不断统一思想、深化认识，突出新安江水质改善结果导向，基于"成本共担、利益共享"的共识，以生态环境部公布的省界断面监测水质为依据，通过协议方式明确流域上下游省份各自职责和义务。协议确定以新安江皖浙交界的街口断面作为考核断

---

① 案例来源：中华人民共和国生态环境部，https：//baijiahao．baidu．com/s？id＝1692396923866172851&wfr＝spider&for＝pc。

面，以高锰酸盐指数、氨氮、总磷、总氮为考核指标。三轮协议中的流域补偿标准并不是一成不变的，而是结合治水需要不断完善，第三轮的考核要求更高，尤其是在水质考核中加大了总磷、总氮的权重，同时相应地提高了水质稳定系数。

黄山市政府注重运用市场化手段，2016 年与国开行安徽分行、国开证券有限责任公司、中非信银投资管理有限公司共同发起设立新安江绿色发展基金，首期规模 20 亿元，采取债权、股权投资等方式，对生态治理和环境保护、绿色产业发展、文化旅游开发等领域进行支持，促进了黄山市产业转型和绿色发展。

皖浙两省通过资金补偿、对口协作、产业转移、人才培训等方式建立多元化补偿关系，激发生态保护动力。黄山市全面对接长三角消费升级大市场，加快推进"融杭发展"，培育壮大茶叶、徽菊、油茶、泉水养鱼、皖南花猪、黟县"五黑"等特色农业产业基地，2019 年黄山市引进的杭州都市圈项目和投资金额分别占全市引进份额的 16％和 11％。

二是生态、经济、社会效益日渐显现。新安江流域生态保护补偿三轮试点实施以来，新安江流域水环境质量持续保持优良，同时流域生态经济保持较快发展，实现了保护与发展的良性互动。

千岛湖水质保持稳定。在全国 61 个重点湖泊中名列前茅，被列入首批 5 个"中国好水"水源地之一。淳安县全域 88 条河流Ⅰ类水质占比达 70％以上，连续三年夺得浙江"五水共治"大禹鼎。黄山市累计退耕还林 36 万亩，森林覆盖率由 77.4％提高到 82.9％，湿地、草地面积逐年增加，自然生态景观在流域占比达 85％以上。

绿色产业实现良性发展。上下游地区大力发展特色产业、乡村旅游等绿色产业，着力打通"绿水青山"向"金山银山"的转化通道。黄山市累计关停污染企业 220 多家，整体搬迁企业 90 多家，优化升级项目 500 余个，带动乡村旅游、休闲度假、徽州民宿等多种业态蓬勃发展，七成以上村庄、10 多万农民参与旅游服务，全域旅游格局初步形成，"泉水鱼"成为中国首个纯渔业农业重要文化遗产。

社会效益得以显著提升。黄山市为改善农村人居环境，做好垃圾分类，建起 172 家"生态美超市"，覆盖了所有乡镇，生态保护意识深入人心。"新安江模式"入选中组部贯彻落实习近平新时代中国特色社会主义思想在改革发展稳定中攻坚克难案例、全国"改革开放 40 年地方改革创新 40 案例"，写入《生态文明体制改革总体方案》《国务院办公厅关于健全生态保护补偿机制的意见》《中共中央 国务院关于建立更加有效的区域协调发展新机制的意见》，在全国其他 9 个流域复制推广。

新安江补偿试点实现了流域上下游发展与保护的协调，充分表明保护生态环境就是保护生产力，改善生态环境就是发展生产力。

（二）湖北省基于碳市场，探索形成"政府主导、机构参与、农民受益"的生态保护补偿机制①

从 2015 年开始，湖北省通山县燕厦乡的宜林荒山分 3 年实施毛竹碳汇造林，造林规模为 1.05 万亩。预计 20 年的计入期内将产生 13.11 万吨减排量，年均减排量约 0.66 万吨。

湖北省通山县竹子造林碳汇项目是全国首个可进入国内碳市场交易的 CCER 竹子造林碳汇项目（CCER 为"中国核证自愿减排量"）。项目旨在充分发挥竹林改善生态环境、增加群众收入、促进可持续发展等多重效益。比如，产生可交易的碳减排量，发挥竹子造林碳汇项目的试验示范作用，推进竹林碳汇参与碳交易。同时，增加当地森林面积，保护生物多样性，维护当地的生态安全。

值得一提的是，整地、栽植、抚育、管护等环节还将为当地社区或周

---

① 案例来源：中华人民共和国生态环境部，http：//www.jxdy.gov.cn/dyxxxgk/c100966/202211/5d2a0d7176af481196a248a5764cfc7f.shtml。

边农户创造 15 万工日的短期工作机会，50 个长期工作机会。项目所产生的竹材、竹笋及减排量归项目业主所有，有利于带动当地竹产业的发展，促进当地经济社会可持续发展。

近年来，基于碳市场，湖北省探索了"政府引导、机构参与、农民受益"的生态保护补偿机制，积极引入社会资本参与项目投资，增加农林业主的收益，推动农林类项目开发达 128 个，预计年均减排量 214 万吨。通过抵消机制制度设计，鼓励优先使用来自湖北省内贫困地区的 CCER 抵消，累计共使用 CCER 抵消 352 万吨。其中，来自湖北省内贫困地区产生的碳减排量有 217 万吨，为贫困地区带来收益超过 5 000 万元。

湖北省针对省内林业系统、农村能源系统进行了 4 次、约 300 人的项目开发培训，有效提升了农林系统应对气候变化的意识和碳减排项目管理能力。

为进一步推进在"十四五"期间建立健全"碳汇＋"交易，助推构建稳定脱贫长效机制，2020 年 11 月，湖北省生态环境厅与湖北省农业农村厅、湖北省林业局、湖北省能源局和湖北省政府扶贫办等多部门联合发布《关于开展"碳汇＋"交易助推构建稳定脱贫长效机制试点工作的实施意见》，探索利用碳市场促进探索生态扶贫新路径、新举措和新方法。

（三）山东省实施生态保护补偿，调动各方大气污染治理积极性[①]

山东省临沂市因其 $PM_{2.5}$ 浓度、PM_{10} 浓度同比改善幅度较大，环境空气质量综合指数同比改善幅度较大，在 2020 年上半年获得山东省财政的补偿资金 3 464 万元。而同样因 $PM_{2.5}$ 浓度同比改善幅度、环境空气质量综合指数同比改善幅度、优良率同比增加幅度均较大的潍坊市，以及

---

① 案例来源：中华人民共和国生态环境部，http://www.jxdy.gov.cn/dyxxxgk/c100966/202211/56403873022549ee954c41f7af74a887.shtml。

PM$_{10}$浓度同比改善幅度、优良率同比增加幅度较大的枣庄市，也分别获得 2 966 万元和 3 062 万元的补偿资金。

依据 2020 年上半年环境空气质量监测数据，根据《山东省环境空气质量生态补偿暂行办法》计算，仅 2020 年上半年，山东省需向各市补偿资金达 36 882 万元。

随着经济社会快速发展，发达国家工业化、城镇化数百年过程中分阶段出现的环境问题，在山东省集中出现，呈现出压缩型、复合型、结构型特点，大气污染防治任务十分艰巨。按照中共山东省委关于"将生态环境质量逐年改善作为区域发展的约束性要求"和"谁保护、谁受益；谁污染、谁付费"为原则，原省环境保护厅、省财政厅制定了《山东省环境空气质量生态补偿暂行办法》，旨在通过实施生态保护补偿，充分发挥公共财政资金的引导作用，进一步调动各市大气污染治理的积极性和主观能动性。

2020 年 1—6 月，山东省环境空气质量持续改善，优良天数比例达 70.8%。全省 PM$_{2.5}$平均浓度为 48 微克/立方米，同比下降 17.2%；PM$_{10}$平均浓度为 88 微克/立方米，同比下降 20.0%；环境空气质量综合指数平均为 5.04，同比下降 15.6%；优良率平均为 67.2%，同比增加 14.0 个百分点。

7 个传输通道城市 PM$_{2.5}$平均浓度为 54 微克/立方米，同比下降 14.3%；PM$_{10}$平均浓度为 98 微克/立方米，同比下降 16.9%；环境空气质量综合指数平均为 5.55，同比下降 13.6%；优良率平均为 59.6%，同比增加 14.4 个百分点。

山东省生态环境厅、财政厅对各设区市进行考核并计算生态保护补偿资金。污染物浓度以微克/立方米计，生态保护补偿资金系数为 80 万元/（微克/立方米）。空气质量优良天数比例以百分点计，生态保护补偿资金系数为 20 万元/百分点。年度空气质量连续两年达到《环境空气质量标准》二级标准的设区市，省政府予以通报表扬并给予一次性奖励，下一年度不再参与生态保护补偿。

此外，$PM_{2.5}$、PM_{10}年均浓度达到《环境空气质量标准》（GB3095—2012）二级标准的设区市，二氧化氮、二氧化硫年均浓度达到一级标准的设区市，还将获得重奖，省级将分别一次性给予 600 万元，以及 300 万元、200 万元奖励。

◎ 第八章　通过生态搬迁解决"一方水土养活不了一方人"问题

一、生态搬迁的内涵

生态搬迁是为了防止贫困地区生态的持续恶化，减缓因生态承载力不足而造成的贫困，在充分征求居民意愿及不破坏原有土地的基础上，将自然资本短缺、基础设施建设滞后、人居环境恶劣地区的贫困人口集中搬迁到安置点，并为他们提供经济适用房、就业机会等生活和发展条件的生态扶贫方式。生态搬迁扶贫作为"生态环境驱动型移民"，一是可以减轻人类对原本脆弱的生态环境的继续破坏，使生态系统得以恢复和重建；二是可以通过异地开发，逐步改善贫困人口的生存状态；三是减小自然保护区的人口压力，使自然景观、自然生态和生物多样性得到有效保护。

从历史发展来看，中国很早就开始实施生态移民扶贫的相关举措。中国自 20 世纪 80 年代开始实施生态移民项目，从以"吊庄移民"为主的"三西"（包括甘肃的定西、河西，宁夏的西海固地区）农业建设计划，到 1994 年以后的《国家八七扶贫攻坚计划》，再到 2001 年以后基于《中国农村扶贫开发纲要（2001—2010 年）》《关于易地扶贫搬迁试点工程的实施意见》和《中华人民共和国国民经济和社会发展第十二个五年规划纲要》开展实施的生态移民项目，中国开展生态移民相关的研究和实践已有 40 年左右。2015 年，国家发展改革委、国务院扶贫办等部门启动实施新时期易地扶贫搬迁工程，计划在"十三五"时期，对生活在"一方水土养活不了一方人"地区的约 1 000 万建档立卡贫困人口实施易地扶贫搬迁，通过"挪穷窝、换穷业"，帮助他们"拔穷根"，实现搬得出、稳得住、能脱贫、可致富。

二、解决的主要问题

生态搬迁扶贫主要是针对生活在"一方水土养活不了一方人"地区的贫困人口实施的一项专项扶贫工程，目的是通过"挪穷窝、换穷业"，实现"拔穷根"，从根本上解决搬迁群众的脱贫发展问题。这类贫困是对人们基本生活和生产条件的剥夺导致的贫困，主要是针对生态环境严重破坏地区、自然灾害频发和自然环境恶劣的地区，这类地区基本上不具备人类生存条件。

生态搬迁扶贫作为"生态环境驱动型移民"，旨在解决几个问题。

一是"一方水土养活不了一方人"、贫困人口无法实现就地脱贫的问题。由于土地、气候、自然灾害等生态环境因素的影响，当地人口没有良好的生产和生活条件，从而形成贫困。因此，通过生态移民搬迁，改善贫困群体的客观环境，降低生产成本、提高收入来源，达到脱贫目标。

二是缓解贫困地区生态的持续恶化，减轻人类对原本脆弱的生态环境的继续破坏，使生态系统得以恢复和重建，减缓因生态承载力不足而造成的贫困问题。对于一些生态条件本身较差的地区，人类的过度开采利用对生态系统的稳定造成威胁。生态移民搬迁可以使原本的生态环境得到改善和修复，减小自然保护区的人口压力，进而促进当地的可持续发展。同时，也可以使自然景观、自然生态和生物多样性得到保护和利用。

三、适用范围

（一）易地扶贫搬迁对象是哪些人群？

易地扶贫搬迁对象主要是居住在深山、石山、高寒、荒漠化、地方病多发等生存环境差、不具备基本发展条件，以及生态环境脆弱、限制或禁止开发地区的自愿搬迁的农村建档立卡贫困人口。具体来说，需同时具备以下三个条件：

（1）生活在"一方水土养活不了一方人"地方的；

（2）本人愿意搬迁的；

（3）农村建档立卡贫困人口。

（二）迁出地区域范围划定标准

按照"先定地域范围后定人"的原则，首先要合理确定本县市区的迁出地区域范围。也就是说，这个县（市、区）哪些地方是"一方水土养活不了一方人"的地方，以自然村、寨、村民小组为基本单元。划定区域应满足下列条件之一：

（1）土地贫瘠、人地矛盾突出、水资源匮乏等生产生活条件恶劣，通过就地就近帮扶促进生产或就业仍无法让农户脱贫的区域，重点是贫困程度相对较深的贫困村；

（2）生态环境脆弱，属于石漠化重度或中度的地区；

（3）地震活跃带、地质灾害多发易发区；

（4）易渍易涝湖区低洼区；

（5）属于县域内水源保护区、生态保护核心区域等主体功能区的限制开发区或禁止开发、不宜开发的区域；

（6）地理位置偏远，交通、水利、电力等基础设施和教育、医疗等基本公共服务落后，严重制约区域发展，并且延伸基础设施和公共服务成本高于易地扶贫搬迁成本的区域；

（7）农村危房改造任务特别重，且其中建档立卡贫困户、无房户和 D 级危房存量大的行政村；

（8）县域内其他需要搬迁的区域。

四、实施过程

（一）吊庄移民工程

吊庄移民工程是一项社会再造工程，在以政府为主导的规划结束后，出现了房屋和土地的流转，也说明移民村正逐渐成为一个有机的、流动的社会。1982 年，国家作出实施"三西"地区农业建设的重大决策。1983 年，按照"3 年停止破坏，5 年解决温饱，10 至 20 年解决问题"的目标，宁夏制定了"以川济山、山川共济"的扶贫开发政策，采取吊庄移民的方式，搬迁南部山区部分生产生活条件比较落后的 19.8 万贫困群众。

（二）水库移民

水库移民也即水工程移民，指居住地由于水利工程的需要，居民必须根据政府安排搬迁到他处，也叫库区移民。1950 年开始，为了解决频繁的洪涝灾害和国民经济对能源的需求，中国大力发展水利水电建设，并对水库建设地周围的居住人口进行迁移。1986 年开始，中国建设了葛洲坝、小浪底、三峡等一大批大中型水利水电工程，并进一步推进水库移民工作，提倡和支持开发性移民，改进了水库移民管理制度，提高了移民实施管理水平。2006 年，针对水库移民，中国开始进一步完善大中型水库移民后期扶持。

1. 确定了扶持范围

扶持范围为大中型水库的农村移民。其中，2006 年 6 月 30 日前搬迁的水库移民为现状人口，2006 年 7 月 1 日以后搬迁的水库移民为原迁人口。在扶持期内，中央对各省、自治区、直辖市 2006 年 6 月 30 日前已搬迁的水库移民现状人口一次核定，不再调整；对移民人口的自然变化采取何种具体政策，由各省、自治区、直辖市自行决定，转为非农业户口的农村移民不再纳入后期扶持范围。

2. 确定了扶持标准

对纳入扶持范围的移民每人每年补助 600 元。

3. 制定了扶持期限

对 2006 年 6 月 30 日前搬迁的纳入扶持范围的移民，自 2006 年 7 月 1 日起再扶持 20 年；对 2006 年 7 月 1 日以后搬迁的纳入扶持范围的移民，从其完成搬迁之日起扶持 20 年。

4. 确定了扶持方式

后期扶持资金能够直接发放给移民个人的应尽量发放到移民个人，用于移民生产生活补助；也可以实行项目扶持，用于解决移民村群众生产生活中存在的突出问题；还可以采取两者结合的方式。具体方式由地方各级人民政府在充分尊重移民意愿并听取移民村群众意见的基础上确定，并编制切实可行的水库移民后期扶持规划。采取直接发放给移民个人方式的，要核实到人、建立档案、设立账户，及时足额将后期扶持资金发放到户；采取项目扶持方式的，可以统筹使用资金，但项目的确定要经绝大多数移民同意，资金的使用与管理要公开透明，接受移民监督，严禁截留挪用。同时加强扶持资金筹资等方面保障。

（三）易地扶贫搬迁

截至 2015 年底，中国还有贫困人口 5 575 万，其中近 1 000 万贫困人口还生活在"一方水土养活不了一方人"的地方，贫困程度很深、脱贫难度极大，是脱贫攻坚中最难啃的"硬骨头"。如不实施易地搬迁，这部分贫困群众很难脱贫。因此，党中央决定"十三五"期间继续组织实施易地扶贫搬迁工程，从根本上解决约 1 000 万建档立卡贫困人口的稳定脱贫问题，通过"挪穷窝、换穷业、拔穷根"，确保建档立卡搬迁群众实现"搬得出、稳得住、能脱贫"的目标。

1. 确定搬迁范围

搬迁范围主要为自然条件严酷、生存环境恶劣、发展条件严重欠缺且建档立卡贫困人口相对集中的农村贫困地区。

2. 确定了搬迁对象分布

迁出区范围涉及 22 个省（自治区、直辖市）约 1 400 个县（市、区）。经国务院扶贫办扶贫开发建档立卡信息系统核实，上述范围内需要实施易地扶贫搬迁的建档立卡贫困人口约 981 万人。同时，各地计划同步搬迁约 647 万人。

3. 确定了搬迁方式

搬迁方式包括自然村整村搬迁和分散搬迁两种。其中，生存环境差、贫困程度深、地质灾害严重的村庄，应以自然村整村搬迁为主，同时按照统一规划、分批实施的原则给予优先安排。搬迁对象中，自然村整村搬迁的约 565 万人，占 34.7%；分散搬迁的约 1 063 万人，占 65.3%。

4. 成立了组织架构

易地扶贫搬迁的总体工作由国家发展改革委负责规划，国务院扶贫办负责搬迁贫困人口确定，自然资源部负责建设用地调整，财政部和相关金融机构负责筹集资金等，各部门统一在扶贫开发小组领导下协调推进全国的易地扶贫搬迁工作。从地方实践来看，22 个有搬迁任务的省的省级政府按照易地扶贫搬迁的工作分工将相关部门进行资源整合，成立省级易地扶贫搬迁工作领导小组，并传导至市县两级政府层面，形成了良好的工作传导机制。

5. 确定搬迁对象及搬迁程序

搬迁程序为宣传发动、贫困农户提出申请、村委会初审及公示、乡（镇）人民政府审核及公示、县人民政府审批及公告、搬迁户签订搬迁协议。

6. 确定安置方式

集中安置的就业方式以政府统筹安排为主，主要有四种：

（1）城区安置方式。以城区为依托，搬迁贫困户转化为服务业从业人员，走旅游发展之路。城区就业模式是将搬迁移民的劳动力供给与城镇化发展相结合。一方面，依托城镇已经具备的产业基础和较为完善的就业培训机制，从根本上改善易地扶贫搬迁对象的生存和发展机遇，提高扶贫搬迁对象就业增收技能。另一方面，利用城镇化发展趋势，以搬迁式扶贫的政策为机遇，改变搬迁农户的身份，使其发展权得到保障。

（2）园区安置方式。以园区为依托，搬迁贫困户转化为产业工人，实现产业和就业融合发展。园区就业安置方式是一种立足本地区产业优势而形成的就业模式。将区域特色产业与易地扶贫搬迁相结合，依靠产业园区的基础设施条件和劳务用工需求，加快推进易地扶贫搬迁和后续配套设施建设，确保搬迁后贫困户生计的可持续性。

（3）兼业安置方式。这是一种兼有非农就业和农业经营两种方式的搬迁安置模式，适合于土地资源相对紧缺、搬迁人口故土难离的搬迁区域。这种模式通过在搬迁安置区附近引入制造业企业设立扶贫微工厂和车间的方式，让搬迁安置户在家门口实现非农就业。同时，由于距离原有生产资料相对较近，搬迁人口可以继续发挥原有的劳动技能进行农业生产。

（4）景区安置方式。景区就业安置方式本质上是一种就业结构的升级，搬迁贫困户在原来农业经营基础上，直接转变为第三产业的从业人员。这种与生态旅游发展相结合的就业安置方式，通过服务业技能培训和旅游产业扶持，引导贫困群众参与旅游产业开发，拉长旅游产业链条，丰富旅游产品，促进搬迁贫困群众脱贫致富。在依托景区已有优势条件的同时，依托景区周边易地扶贫搬迁项目的实施，促进景区基础设施的配套。

7. 注重易地搬迁后续扶持

随着易地搬迁工作的不断实施，政府逐渐将重点向后续扶持转移，国家发展改革委联合有关部门印发实施《关于进一步加大易地扶贫搬迁后续扶持工作力度的指导意见》《2020年易地扶贫搬迁后续扶持若干政策措施》，提出着力构筑产业发展、就业帮扶、社区治理、公共服务、基层党建、社会融入"六大体系"。在扶持过程中，将产业发展和就业帮扶作为搬迁群众近期脱贫、远期致富的重要手段。同时，中央通过安排中央预算内投资、地方政府一般债务资金、财政专项扶贫资金支持易地扶贫搬迁后续产业发展，指导地方分区分类精准施策，持续加大对各类安置点的帮扶力度，确保有劳动力且有就业意愿的建档立卡搬迁家庭实现至少1人稳定就业，确保无劳动能力的特殊贫困群体衣食无忧、应保尽保。

8. 促进易地搬迁贫困人口社会融入

为了帮助搬迁群众融入新社区、适应新生活，中国通过党建引领，以服务人、凝聚人、改变人为目的，以网格化、信息化、标准化为手段，构建基层党建、社区管理、群众自治三位一体的治理体系，按照均等、普惠、便捷原则，为搬迁群众提供便利可及、全面周到的基本公共服务。通过感恩教育、公德教育、市民教育，开展文明创建、模范评比、邻里守望等活动，引导搬迁群众改变陈规陋习，树立自信、自强、自立的思想观念和自主脱贫意识，推动各民族搬迁群众交往交流交融。

9. 加大对易地搬迁贫困户的优惠政策

为了进一步确保易地搬迁贫困人口能够搬得出、稳得住，中央和各个部门针对搬迁群体制定相关支持政策，包括土地、产业、财政、住房、就业、金融。

（1）土地和住房政策。借助土地增减挂钩政策实现发展权的转移，通过建设用地指标保障和增减挂钩指标交易机制满足易地扶贫搬迁的用地需求和资金需求。按照人均 25 平方米"保障基本"的住房标准，将原有宅基地的多余面积通过土地占补平衡和增减挂钩进行交易，所得部分收益返还搬迁群众，既利用住房条件保障了搬迁贫困群体的生存权利，也通过利益分享的收益分配机制维护了其发展权（表 8-1）。

表 8-1　易地扶贫搬迁涉及的部分土地和住房政策

年份	部门	政策	内容
2016	国土资源部	关于用好用活增减挂钩政策积极支持扶贫开发及易地扶贫搬迁工作的通知	1. 利用增减挂钩政策支持易地扶贫搬迁；2. 增减挂钩指标和使用范围向贫困地区倾斜；3. 保证农民的土地收益权
2017	国土资源部	关于支持深度贫困地区脱贫攻坚的意见	完善土地利用规划计划管理。对深度贫困地区基础设施、易地扶贫搬迁、民生发展等用地足额保障，不足部分由国家协同所在省（区、市）解决
2018	自然资源部	城乡建设用地增减挂钩节余指标跨省域调剂实施办法	将深度贫困地区的节余指标与对口支援地区进行跨区域交易，交易资金用于高标准农田、农业农村发展、易地扶贫搬迁等
2017	湖南省住建厅	关于切实加强落实易地扶贫搬迁集中安置项目质量安全监管责任的通知	1. 落实住建部门的主体监管责任；2. 对易地扶贫搬迁工作进行对接服务

（2）财政和金融政策。财政和金融的资金投入是保证贫困群体搬迁和发展的根本，资金的综合利用能有效发挥其规模效应和益贫作用。从易地

扶贫搬迁的资金来源看，总计 6 000 亿元的搬迁资金由中央、地方和农户三大主体构成，涵盖财政、债券、贷款、集资等多种形式。资金的具体来源途径如表 8-2 所示。资金使用去向上，易地扶贫搬迁资金分为住房成本使用、基础设施配套、公共服务水平提高和生态保护与土地利用四个方面。

表 8-2　"十三五"易地扶贫搬迁财政金融投资

总投资	投资规模（亿元）	投资主体	资金性质
中央预算内投资	800	中央财政部门	转移性财政
地方政府债务投资	1 000	省级政府	债务
专项建设投资	500	国家开发银行、中国农业发展银行	债券
低成本长期贷款	3 400	国家开发银行、中国农业发展银行	贷款
建档立卡贫困户自筹	300	农户	筹集资金

2018 年财政部、国家税务总局印发了《关于易地扶贫搬迁税收优惠政策的通知》，明确了易地扶贫搬迁税收优惠政策。在易地扶贫搬迁贫困人口税收政策方面，对易地扶贫搬迁贫困人口按规定取得的住房建设补助资金、拆旧复垦奖励资金等与易地扶贫搬迁相关的货币化补偿和易地扶贫搬迁安置住房，免征个人所得税。对易地扶贫搬迁贫困人口按规定取得的安置住房，免征契税。

（3）产业和就业扶持政策。搬迁的后续产业和就业是培育搬迁劳动力内生发展动力的关键，利用财政涉农资金扶贫产业规划，实现迁入地的产业和就业同步推进。中央和地方政府相关部门围绕搬迁人口就业能力提升和就业帮扶出台多种措施，以不同的就业安置方式为依据，将劳务经济作为搬迁扶持的核心内容，与区域产业化发展战略相结合，提升搬迁群体的收入稳定性和长效性。相关部门的就业扶贫政策如表 8-3 所示，可以看出从中央到地方都对就业扶贫的工作进行了很多创新探索，进一步扩大了就业的减贫功能。

表 8-3　易地扶贫搬迁的部分后续产业和就业扶持政策

年份	部门	文件名称	主要内容
2016	人力资源社会保障部 财政部 国务院扶贫办	关于切实做好就业扶贫工作的指导意见	1. 开发岗位、劳务协作、技能培训等措施，促进贫困劳动力稳定就业； 2. 对贫困家庭就读技工学校的学生进行技能培训，实现就业
2016	人力资源和社会保障部	关于在打赢脱贫攻坚战中做好人力资源社会保障扶贫工作的意见	1. 加强就业培训和就业创业指导工作； 2. 引导各类人才向贫困地区聚集； 3. 提升贫困地区就业和社会保障公共服务能力
2018	中共中央 国务院	关于打赢脱贫攻坚战三年行动的指导意见	1. 实施贫困地区特色产业提升工程，因地制宜加快发展对贫困户增收带动作用明显的特色优势产业； 2. 实施就业扶贫行动计划，推动就业意愿、就业技能与就业岗位精准对接，提高劳务组织化程度和就业脱贫覆盖面
2018	人力资源社会保障部 国务院扶贫办	关于开展深度贫困地区技能扶贫行动的通知	1. 2020 年年底前，建立"三区三州"所有技工院校的就业培训机制； 2. 对深度贫困地区的贫困人口进行技能培训
2018	人力资源和社会保障部	打赢人力资源社会保障扶贫攻坚战三年行动方案	1. 促进 100 万贫困劳动力实现就业，带动300 万建档立卡贫困人口脱贫； 2. 推进就业、技能、人才扶贫； 3. 重点支持深度贫困地区就业扶贫

五、实施效果及注意事项

（一）实施效果

1. 水库移民效果显著

多年来，中国持续对大中型水库移民进行后期扶持，效果显著。2006—2021 年，累计投入中央水库移民扶持基金 4 262 亿元，用于持续改善库区和移民安置区生产生活条件，拓宽水库移民增收致富渠道，2 517

万水库移民生活显著改善。截至 2021 年，全国共有大中型水库移民后期扶持人口 2 517 万人，涉及 2 518 个县，15.52 万个行政村。经过多年持续努力，历史性地解决了"有相当多的移民仍生活在贫困之中"的问题。基础设施和公共服务薄弱的局面从根本上得到扭转。累计修建通村公路 47.5 万公里、机耕道 50.4 万公里，在村村通公路的基础上，99.2％的村民小组实现了通硬化路。累计修建电力、通信线路 33.2 万公里，户户能用电，互联网覆盖率 100％。累计修建饮水工程 4.6 万处，移民全部实现饮水安全，自来水普及率 94％，高于全国农村 10 个百分点。累计修建 5.6 万处村级卫生室，优化整合了乡镇和村级医疗资源，移民就医更加便利。经省、市、县三级认可的美丽移民村达 2.02 万个，有 315 个移民村获得"全国文明村"称号，224 个移民村获得"全国乡村治理示范村"称号，181 个移民村获得"全国美丽（休闲）乡村"称号。与此同时，各地围绕让移民群众"有活干、有钱赚"，立足当地资源条件，积极践行"绿水青山就是金山银山"理念，因地制宜发展绿色农业、生态农业、高效农业，一些地区茶、林、果、蔬、药等产业初具规模；持续实施农田整治和灌溉设施配套，累计开发和改造农田 180.4 万亩，新增有效灌溉面积 1 533 万亩；加大技能培训力度，移民劳动力转移就业能力不断提升，家庭工资性收入占 65％以上。

2. 易地扶贫搬迁目标完成

经过 5 年不懈努力，"十三五"易地扶贫搬迁建设任务已全面完成，全国累计建成集中安置区 3.5 万个、安置住房 266 万多套，总建筑面积 2.1 亿平方米，户均住房面积 80.6 平方米；960 多万名贫困搬迁群众乔迁新居，其中城镇安置 500 多万人，农村安置约 460 万人。贫困群众易地搬迁后就业能力明显提升，有劳动力的搬迁家庭实现了至少 1 人就业目标，搬迁群众收入水平得到显著提升。据统计，全国易地扶贫搬迁建档立卡贫困户人均纯收入从 2016 年的 4 221 元提高到 2019 年的 9 313 元，年均增长 30.2%。有效解决了"十三五"期间近五分之一贫困人口的脱贫问题。在拉动经济发展方面,易地扶贫搬迁直接投资 6 000 多亿元,加上撬动的地方财政资金、东西部扶贫协作和社会帮扶等资金,总投资超过 1 万亿元,有力拉动了贫困地区固定资产投资和相关产业的发展。推动中西部省份 500 多万人在城镇集中安置,城镇安置率达 52%,西南地区部分省份城镇安置率超过 90%,有效提升了贫困地区城镇化率,优化了城乡空间布局,为推进中国特色新型城镇化道路开辟了新空间。在生态保护修复方面,各地共复垦复绿搬迁后的旧宅基地 100 多万亩,推动迁出区生态环境明显改善,不少因承载人口过多而使生态环境受到损害的贫困地区恢复了"绿水青山",实现了脱贫攻坚与生态保护一个战场、两场战役的双赢。通过对搬迁后退出的承包地和山林打包开发、规模经营,形成了搬迁群众的"生态股",把农村资源变资产、把资产变资金,将生态价值转化为搬迁户长期收益。

(二) 注意事项

生态移民搬迁作为减轻生态压力、促进贫困地区可持续发展的重要举措,其实施过程中需综合考虑多方面因素,以确保成效与可持续性。具体注意事项包括以下几方面:

1. 选址合理性

迁移地点的选择应充分考虑当地的生态承载力、基础设施建设水平及经济发展潜力,确保移民能够融入新的生产生活环境,避免因资源匮乏或发展条件不利导致的二次贫困。

2. 生计保障

搬迁后,移民的就业和经济来源问题至关重要,应提供就业培训、产业扶持、农业技术推广等措施,帮助移民建立稳定的生计基础,确保其能够实现可持续发展。

3. 文化适应性

移民搬迁涉及文化适应和社会融合问题，需尊重移民的文化习俗，促进新社区的社会凝聚力，避免因文化冲突或社会隔阂影响移民的生活质量。

4. 政策支持与后续管理

政府应提供持续的政策扶持，包括住房、教育、医疗等公共服务的保障。同时，建立健全后续管理和监测机制，确保搬迁后的长期可持续性与成效评估。

5. 生态恢复与保护

在搬迁的同时，原住地的生态恢复须与搬迁工作同步进行，采取科学的生态修复措施，确保移民搬迁达成生态环境改善的目标。

六、典型案例

（一）四川省金阳县"生态＋绿色"易地扶贫搬迁①

凉山彝族自治州（以下简称"凉山州"）"坚持生态优先，努力实现绿色搬迁"。凉山州牢固树立绿色搬迁理念，按照生态优先、促进增收、集约用地、突出特色的原则，大力发展循环经济，努力倡导绿色低碳、环保生态的生产生活方式。立足现有资源，将村落建设与产业发展融为一体，以村级活动场所为中心，采取适度集中、方便生产、住房区和集中养殖区明显分开的方式，科学布局集中安置区和集中养殖小区，配套建设学前教育机构（幼儿园）、医务室、文化室、民俗坝子等公共服务设施，并依托养殖小区在安置点建设大型沼气池，所生成的沼气通过预先埋设的供气管

---

① 案例来源：凉山城市新报，https：//www.lsz.gov.cn/ztzl/rdzt/tpgjzt/xsgz/jyx/201611/t20161103_1187885.html。

道引入安置区内各住户家中，实现家家户户用上清洁能源；沼气池排出的沼液和沼渣用于灌溉庄稼，还粪于田，还肥于地，实现资源循环利用。

凉山州金阳县热柯觉乡丙乙底村位于金阳县西北方向 35 公里处的波洛山上，平均海拔 3 200 米，是十万亩索玛花景区所在地，平均气温 5.7℃，年降水量 1 102 毫米，属典型贫困高寒山区少数民族聚居区。主要粮食作物有马铃薯、荞麦、圆耕萝卜、燕麦，四大牲畜现存栏 3 769 头（只）。全村面积 15 平方公里，耕地 1 554 亩，辖 2 个村民小组 246 户 922 人。丙乙底村有建档立卡贫困户 62 户 294 人。"十三五"期间，有 46 户贫困户 208 人享受易地扶贫搬迁政策。

主要工作措施。一是成立易地扶贫搬迁工作领导小组，全面推进易地扶贫搬迁工程建设。二是加强项目管理。住房建设实行责任制，村、组、农户逐级就住房建设质量、资金管理以书面形式向乡政府承诺。住房建设实行过程监督制，每道工序、每批材料都要落实人员监督，严格实行质量责任终身制，出现问题终身追责。三是加强资金管理。资金使用管理遵循"专款专用、封闭运行、上下联运、协调监管"的原则，严格执行资金拨付规定，住房建设补助资金由乡财政所直接支付到搬迁农户一卡通账户，确保了资金使用安全。

主要经验和成效。一是精心策划"爱心礼包"，实现消费扶贫惠农。联系西南财经大学西部商学院，制作宣传片，通过西部公益论坛，号召社会爱心人士认购"爱心礼包"。每个"礼包"2 000 元，内置搬迁户自产的"两荤两素"，有跑山猪、生态鸡、高山土豆、高原苦荞。成立"爱心礼包"销售服务队，采取"驻村党员干部＋贫困党员""农村非贫困党员＋贫困户"的模式，实施"决战贫困·党员在行动"帮带计划，服务队员及时对接蔬菜种植、"爱心礼包"制作销售、外出务工等工作，促进贫困户增收致富。目前，认购"爱心礼包"325 个，到位资金 45.28 万元。

二是发展"高山错季蔬菜"种植，拓宽增收渠道。引进成都静优农副产品有限责任公司，流转农户土地 257 亩，建立"金阳县热柯觉乡高山错季蔬菜品试验基地"，规模种植莲花白、山东白菜、莴笋、花椰菜等蔬菜。目前，村民收到土地流转租金 10.28 万元、务工费 22.7 万元。采取"支部＋公司＋协会＋贫困户"模式，成立"高山无公害反季节蔬菜农民专业合作社"，现有合作社成员 43 户，其中易地搬迁户 17 户。

三是开展"阅读有奖"活动，提高村民文化素质。针对村民文化素质低、主动学习意识不强，依托农家书屋开展村民"阅读有奖"活动，村民阅读一本技术类书籍，并能简单叙述大致内容可奖励 100～200 元；村内知识分子学懂技术给村民上技术课，每次补助 200 元；幼儿阅读爱国明理故事，可奖励 20～100 元。目前，搬迁户参加"阅读有奖"活动 25 人次，领取奖励金 1 800 元，村民爱学习、比学习的氛围正在形成。

四是坚持实施"三棵树"种植模式。丙乙底村属于高寒山区，依托独有的自然资源，大力发展华山松林业套种牧草，深入实施借苗还果、借羊还羊、借猪还猪、借薯还薯助农增收举措。在做好华山松种植的同时加强后期管护工作，确保种植树苗的成活率，要求每户搬迁户种植 5 亩以上华山松。

五是发展旅游助推脱贫攻坚。将脱贫攻坚与乡村旅游深度融合，把旅游发展与产业扶贫统一规划，充分利用丙乙底村十万亩索玛花海等独有的自然风光，依托浓厚的彝族文化底蕴，突出古朴的彝族风情，整合资源优势，按照"农村、文化、旅游"三位一体的旅游发展思路，着力打造赏索玛花海、品彝族文化、宿彝家新寨、食彝家风味的特色旅游。同时，不断探索"旅游＋扶贫"新模式，以发展乡村旅游为抓手，以夯实基础设施建设为载体，着力将丙乙底村打造成金阳乡村旅游集散地，全县旅游示范村，让乡村旅游成为全村贫困村民脱贫致富的重要途径。

◎ 第九章 中国生态扶贫政策经验及启示

中国的生态扶贫实践，在"绿水青山就是金山银山"绿色发展理念的科学指引下，采取了一系列行之有效的政策措施，激励贫困地区贫困人口"在保护中发展，在发展中保护"，将区域生态优势转变成为经济优势，路径多元，模式多样，积累了丰富的经验。

一、坚持"绿水青山就是金山银山"的绿色发展理念，高质量建设人与自然和谐共生的生态文明

中国坚持按照"绿水青山就是金山银山"的绿色发展理念，努力推动贫困地区走生态优先、以人为本、绿色发展为导向的高质量发展之路。"两山"理念阐述了经济发展和生态环境保护的关系，揭示了保护生态环境就是保护生产力、改善生态环境就是发展生产力的道理，指明了实现发展和保护协同共生的新路径。"两山"理念指导下的生态扶贫在实践逻辑上遵循"优先保障生态效益、着力挖掘经济效益、最终实现整体社会效益"的扶贫实践逻辑。"生态优先"并非"只要生态、不要民生"，而是要坚持"以人为本"，避免造成政策执行偏差。生态效益、经济效益和社会效益在不同实践路径中皆有所体现，但不同的扶贫路径拟解决的核心问题不同，因而其发挥的效能也存在一定差异。其中，贫困地区生态保护、小流域综合治理、农村人居环境整治三种扶贫路径相对侧重于放大贫困地区生态资源的生态效益；农村地区生态资源开发利用、提供生态保护开发岗位两种扶贫路径相对侧重于放大贫困地区生态资源的经济效益；生态补

偿、生态搬迁两种扶贫路径则相对侧重于放大贫困地区生态资源的社会效益。总结来看，要在保护中发展，在发展中脱贫致富，使绿水青山持续发挥生态效益、经济效益和社会效益。

二、构建政府全面主导、市场协同推进、社会共同参与的生态扶贫格局，完备长效制度保障体系

生态扶贫实践作为中国精准扶贫实践中的一项重要内容，政府部门在这一实践进程中扮演着最关键角色，是系列政策、各类项目、人力支持及资金保障等方面的供给者与引导者。充分发挥政府对生态扶贫工作的主导作用，有利于协调市场、社会等多方力量，形成以多方参与为核心的生态扶贫社会合力。中国政府坚持以"中央统筹、省负总责、市县抓落实"为核心的生态扶贫责任体制，有序分解生态扶贫的目标与任务，建立起自上而下、各有侧重的生态扶贫工作机制，全面提升了生态扶贫工作的灵活度；充分发挥政府在生态扶贫投入机制中的主体和主导作用，不仅是提供稳定生态扶贫资金来源，推进生态扶贫项目的重要保障，同时也是统筹管理生态扶贫资金，提升社会资本使用效能的重要制度基础；充分发挥政府在生态扶贫监督与考核中的主导作用，建立了自上而下与由外向内相结合的监督与考核机制，包括对年度重点工作台账管理、生态扶贫资金使用情况审计、第三方生态扶贫成效评估等内容的动态管理和监督制度，有利于切实保障生态扶贫资金的使用与政策帮扶的有效性。此外，中国政府还担任了市场与贫困人口对接的"中间人"角色：一方面，政府在众多市场主体中进行筛选，选择经营状况好、企业利润稳定、发展前景乐观的企业或合作社参与项目，在市场主体和贫困农户间搭建合作平台；另一方面，扶贫部门作为贫困农户这一弱势群体的代言人，在与市场主体进行利益谈判的过程中，合法合理利用各项政策，提高农户议价能力，尽最大可能增加农户收益。

三、立足资源禀赋因地制宜探索生态资源价值实现与保值增值的创新机制，实现贫困地区资源有效转化

生态产品是典型的公共物品，具有受益的非排他性，只有让生态产品的价值充分实现，才能激励提供生态产品的区域和当地农牧民更好地保护生态环境。因此，贫困地区推动生态扶贫，需要立足资源禀赋，因地制宜地积极探索生态产品价值实现和生态资源保值增值的多元路径，将"绿水青山"有效转化为"金山银山"。中国在生态扶贫过程中成功探索出贫困地区生态保护、小流域综合治理、农村人居环境整治、农村地区生态资源开发利用、提供生态保护开发岗位、生态补偿及生态搬迁等七类生态扶贫实践路径，并就生态产品价值实现与自然资源保值增值进行了创新性探索。生态产品价值实现方面，福建省南平市创新建设"森林生态银行"，依托国有林场，以托管、赎买、租赁、合作经营、抵押担保等方式集聚碎片化的森林资源，提升森林生态承载能力和林业资源价值；重庆市在不同区县之间建立以"森林覆盖率"为主要指标的横向生态补偿转移支付机制，调动全社会保护发展森林资源的积极性。此外，中国的贵州、重庆等地积极开展农村"三变"改革，在明晰农村资源资产权属的基础上，推进"农村资源变资产、资金变股金、农民变股东"改革，充分挖掘山水林田湖草等自然资源和自然风光的价值，因地制宜发展乡村旅游、特色农业等，有效盘活利用资源资产。

四、建立一套内外结合的精准生态益贫机制，助力贫困人口在生态共建共享中走向脱贫致富

中国的贫困人口大多居住在生态环境脆弱、自然灾害多发或发展受限的重点生态功能区，地理位置偏远，导致公共基础设施落后，加上"等要

靠"等贫困文化和消极心理，贫困农户的生计环境不容乐观。中国生态扶贫在实践中探索出一套内外结合、软硬兼施的精准益贫机制。首先，中国政府通过精准识别生态扶贫对象，确保扶贫资源和措施精准到户、到人。利用现代信息技术，如地理信息系统（GIS）、大数据分析等，对贫困地区的生态环境、资源禀赋、贫困人口状况进行详细调查和评估，制定针对性的扶贫策略。其次，中国政府建立了一套外援动力与内生动力相结合的生态益贫机制。一方面，中国政府通过重点生态功能区转移支付、生态补偿、生态搬迁及提供生态保护开发公益性岗位、实施以工代赈等外援方式，为贫困人口提供就业机会，拓宽其收入来源，确保他们的基本生活和发展需求得到满足，促进其经济自立和社会融入。另一方面，为提高贫困人口的自我发展能力，中国政府和相关机构提供生态保护、绿色产业发展等方面的技术培训和能力建设服务。这些培训旨在提升贫困人口的生态保护技能和产业经营能力，增强他们适应市场变化和可持续发展的能力。通过精准生态益贫机制，中国的生态扶贫实践不仅有效保护和恢复了贫困地区的生态环境，还为贫困人口提供了稳定的收入来源和可持续发展的机会，实现了生态保护与扶贫开发的协同增效。

参　考　文　献

曹家宁，陈怀平 . 中国式现代化的生态实践及其生态正义 ［J］. 北方民族大学学报，
　　2023，（3）：31 - 39.

程延军，李湃，2018. 我国企业社会责任领域的发展、成就及展望 ［J］. 湖南人文科技学
　　院学报，35（4）：11 - 18.

戴维·皮尔斯，杰端米·沃福德，2016. 世界无末日：经济学·环境与可持续发展 ［M］.
　　张世秋，译 . 北京：中国财政经济出版社 .

胡振通，王亚华，2021. 中国生态扶贫的理论创新和实现机制 ［J］. 清华大学学报（哲学
　　社会科学版），36（1）：168 - 180，206.

黄金梓，2019. 社会风险视域下生态扶贫政策工具及其适用机制优化 ［J］. 求索（3）：
　　111 - 117.

郎秀云，2021. 中国生态扶贫的理论创新、精准方略与实践经验 ［J］. 江淮论坛（4）：
　　149 - 155.

雷明，2017. 绿色发展下生态扶贫 ［J］. 中国农业大学学报（社会科学版），34（5）：
　　87 - 94.

李芳，王涛，2018. 基于阿玛蒂亚·森"能力贫困"的精准扶贫困境研究 ［J］. 世界农业
　　（2）：190 - 194.

李雅洁，2019. 生态扶贫 PPP 项目政府与社会资本方演化博弈研究 ［J］. 科技和产业，19
　　（6）：69 - 78.

梁伟军，谢若扬，2019. 能力贫困视阈下的扶贫移民可持续脱贫能力建设研究 ［J］. 华中
　　农业大学学报（社会科学版）（4）：105 - 114，174 - 175.

刘建伟，同聪慧，2020. 生态扶贫基本问题的研究现状与展望 ［J］. 西安电子科技大学学
　　报（社会科学版），30（2）：19 - 26.

龙涛，2016. 生态扶贫研究综述与重点展望 ［J］. 四川林堪设计（3）：52.

骆方金，胡炜，2017. 生态扶贫：文献梳理及简评 ［J］. 经济论坛 (3)：150‐152.

莫光辉，2016. 绿色减贫：脱贫攻坚战的生态扶贫价值取向与实现路径：精准扶贫绩效提升机制系列研究之二 ［J］. 现代经济探讨 (11)：10‐14.

莫光辉，陈正文，2017. 脱贫攻坚中的政府角色定位及转型路径：精准扶贫绩效提升机制系列研究之一 ［J］. 浙江学刊 (1)：156‐163.

莫光辉，张菁，2017. 绿色减贫：脱贫攻坚战的生态精准扶贫策略：精准扶贫绩效提升机制系列研究之六 ［J］. 广西社会科学 (1)：144‐147.

欧阳祎兰，2019. 探索生态扶贫的实现路径 ［J］. 人民论坛 (21)：70‐71.

沈茂英，杨萍，2016. 生态扶贫内涵及其运行模式研究 ［J］. 农村经济 (7)：3‐8.

史玉成，2018. 生态扶贫：精准扶贫与生态保护的结合路径 ［J］. 甘肃社会科学 (6)：169‐176.

万君，张琦，2017. 绿色减贫：贫困治理的路径与模式 ［J］. 中国农业大学学报 (社会科学版)，34 (5)：79‐86.

王晓毅，2018. 绿色减贫：理论、政策与实践 ［J］. 兰州大学学报 (社会科学版)，46 (4)：28‐35.

杨文静，2016. 生态扶贫：绿色发展视域下扶贫开发新思考 ［J］. 华北电力大学学报 (社会科学版) (4)：12‐17.

张琦，冯丹萌，2018. 绿色减贫：可持续扶贫脱贫的理论与实践新探索 (2013—2017) ［J］. 福建论坛 (人文社会科学版) (1)：65‐73.

张永民，2007. 生态系统与人类福祉：评估框架 ［M］. 北京：中国环境科学出版社.

郑继承，2021. 中国生态扶贫理论与实践研究 ［J］. 生态经济，37 (8)：193‐199.

左常升，等，2013. 世界各国减贫概要 ［M］. 北京：社会科学文献出版社.

Agarwal A，Narain S，2000. Redressing ecological poverty through participatory democracy：Case studies from India ［C］. PERI Working Paper No. DPE‐00‐01.

Aluko M A O，2004. Sustainable development，environmental degradation and the entrenchment of poverty in the niger delta of Nigeria ［J］. Journal of Human Ecology，15 (1)：63‐68.

Babcock B A，Lakshminarayan P G，Wu J，et al.，1996. The economics of a public fund for environmental amenities: A study of CRP contracts [J]. American Journal of Agricultural Economics, 78: 961 – 971.

Bryant R L, 1997. Beyond the impasse: The power of political ecology in Third World [J]. Environmental Research Area, 29 (1): 5 – 19.

Dai Q, Ding L, Zhang Z, 2023. Determining the optimal operation and maintenance contract period of PV poverty alleviation projects based on real options and cooperative game: Evidence from rural China [J]. Journal of Renewable and Sustainable Energy, 15 (2).

Ding L, Zhang Z, Dai Q, 2023. Alternative operational modes for Chinese PV poverty alleviation power stations: Economic impacts on stakeholders [J]. Utilities Policy, 82: 101524.

Gardner J, Charlie S, 2013. Counting and multidimensional poverty measurement [J]. Journal of Public Economics, 95 (7): 476 – 487.

Gopal D, Nagendra H, 2014. Vegetation in Bangalore's slums: Boosting livelihoods, well – being and social capital [J]. Sustainability, 6 (5): 2459 – 2473.

Gordon C, Lawson E T, Schluchter W, 2012. The dynamics of poverty environment linkages in the coastal zone of Ghana [J]. Ocean & Coastal Management, 67 (10): 30 – 38.

He Y, Che Y, Lyu Y, 2022. Social benefit evaluation of China's photovoltaic poverty alleviation project [J]. Renewable Energy, 187: 1065 – 1081.

Huang F, Li W, Jin S, 2022. Impact pathways of photovoltaic poverty alleviation in China: Evidence from a systematic review [J]. Sustainable Production and Consumption, 29: 705 – 717.

Li Y, Chen K, Ding R, 2023. How do photovoltaic poverty alleviation projects relieve household energy poverty? Evidence from China [J]. Energy Economics, 118: 106514.

Liu Y, Chen J, Zhao L, Liao H, 2023. Rural photovoltaic projects substantially prompt household energy transition: Evidence from China [J]. Energy, 275: 127505.

Nadkarni M V, 2000. Poverty, environment, development: A many – patterned nexus [J].

Economic and Political Weekly，35（14）：1184-1190.

Reardon T，Vosti S A，1995. Links between rural poverty and the environment in developing countries：Asset categories and investment poverty［J］. World Development，23（9）：1495-1506.

Schwarze S，Reetz S W，Bruemmer B，2012. Poverty and tropical deforestation by smallholders in forest margin areas：Evidence from Central Sulawesi，Indonesia［C］. Foz do Iguacu，Brazil：2012 International Association of Agricultural Economists.

Thomas L D，Jules Pretty，2008. Case study of agri-environmental payments：The United Kingdom［J］. Ecological Economics，65（4）：765-775.

Wang C，Wang Y，Zhao Y，2023. Cognition process and influencing factors of rural residents' adoption willingness for solar PV poverty alleviation projects：Evidence from a mixed methodology in rural China［J］. Energy，271：127078.

Wang C，Zhao Y，Strezov V，2023. Spatial correlation analysis of comprehensive efficiency of the photovoltaic poverty alleviation policy：Evidence from 110 counties in China［J］. Energy，282：128941.

Wang G，Bai L，Chao Y，et al.，2023. How do solar photovoltaic and wind power promote the joint poverty alleviation and clean energy development：An evolutionary game theoretic study［J］. Renewable Energy，218：119296.

Wang Y，Cui X，Huang H，2023. Spatial patterns and environmental benefits of photovoltaic poverty alleviation programs in China［J］. Environmental Impact Assessment Review，103：107272.

World Bank，1990. World Development Report 1990：Poverty and Development［M］. New York：Oxford University Press.

Xiao H，Song F，Zheng X，et al.，2023. Community-based energy revolution：An evaluation of China's photovoltaic poverty alleviation program's economic and social benefits［J］. Energy Policy，177：113555.

Yemiru T，Roos A，Campbell B，et al.，2010. Forest incomes and poverty alleviation under participatory forest management in the Bale highlands［J］. Southern Ethiopia.

(12)：66－77.

Yin H，Zhou K，2022. Performance evaluation of China's photovoltaic poverty alleviation project using machine learning and satellite images ［J］. Utilities Policy，76：101378.

Yuan C，Ding T，Wu B，2024. Targetedness，effectiveness，and sustainability of China's photovoltaic poverty alleviation programmes ［J］. Energy，300：131515.

Zhao Y，Shuai J，Wang C，et al.，2023. Do the photovoltaic poverty alleviation programs alleviate local energy poverty？ Empirical evidence of 9 counties in rural China ［J］. Energy，263：125973.

Zhen Nahui，Fu Bojie，Lu Yihe，et al.，2014. Poverty reduction，environmental protection and ecosystem services：A prospective theory for sustainable development ［J］. Chinese Geographical Science （24）：84.

Zhou Y，Wang H，Liu Z，et al.，2023. Can solar photovoltaic poverty alleviation policies reduce carbon emissions and increase income in China？ ［J］. Environmental Science & Technology，57 （49）：20583－20594.

图书在版编目（CIP）数据

中国生态扶贫政策与实践 / 中国国际减贫中心编著.
北京：中国农业出版社，2025.3. --（中国减贫与发
展经验国际分享系列）. -- ISBN 978-7-109-32658-3

Ⅰ.F126

中国国家版本馆 CIP 数据核字第 2024JC2514 号

中国生态扶贫政策与实践

ZHONGGUO SHENGTAI FUPIN ZHENGCE YU SHIJIAN

中国农业出版社出版

地址：北京市朝阳区麦子店街 18 号楼
邮编：100125
责任编辑：何　玮
版式设计：杨　婧　　责任校对：吴丽婷
印刷：中农印务有限公司
版次：2025 年 3 月第 1 版
印次：2025 年 3 月北京第 1 次印刷
发行：新华书店北京发行所
开本：700mm×1000mm　1/16
印张：8.5
字数：113 千字
定价：68.00 元